Friedrich August
von der Heydte

DIE MONARCHIE
Eine europäische Idee

Friedrich August
von der Heydte

DIE MONARCHIE
Eine europäische Idee

Österreich
vom Wiener Kongreß
bis St. Germain

Amalthea

Umschlag: Christel Aumann, München,
unter Verwendung eines Motivs der »Österreich Werbung«
Herstellung: VerlagsService Dr. Helmut Neuberger
& Karl Schaumann GmbH, Heimstetten
Satz: Ludwig Auer GmbH, Donauwörth
Gesetzt aus der 11/14 Punkt Lino-Walbaum
Druck und Bindung: Wiener Verlag, Himberg bei Wien
Printed in Austria 1993
ISBN 3-85002-340-0

Inhalt

Vorwort

Der renommierte Londoner »Economist« befand zu Ende des Jahres 1900: »In dem Jahrhundert, das nun zu Ende geht, war eines der auffälligsten Merkmale die Entstehung und das Wachsen der Nationalitäten... Europa ist keine moralische Einheit mehr, sondern eine Ansammlung von sich eifersüchtig beäugenden Nationalitäten, die miteinander konkurrieren...«

Ein Befund, der auch für die alt gewordene Donaumonarchie Gültigkeit zu haben schien, verstand sich doch diese Monarchie aus der Tradition ihres Herrscherhauses heraus als europäisch. Für Kaiser Franz Joseph wie auch für Kaiser Karl waren das monarchische Prinzip und die europäische Idee gleichsam eine Einheit.

Nach der klassischen Definition versteht man unter Monarchie, wenn man die Fülle ihrer geschichtlichen Erscheinungsformen auf das Wesentliche reduziert, jene Staatsform, bei der der staatstragende Wille nicht von einer Mehrzahl, sondern von einer Person ausgeht, in der ein einzelner auf Lebenszeit wenn nicht ausschließlicher, so doch mindestens hervorragender Träger der Staatsgewalt ist. Bei den Habsburgern war dieser staatstragende Wille ausgerichtet auf das Miteinander der ihrem Thron zugeordneten europäischen Völker. Ihr Denken und Fühlen war europäisch, der staatstragende Wille ihrer Herrscherpersönlichkeiten ebenso. Ihre Monarchie war mithin eine europäische Idee.

»Österreich vom Wiener Kongreß bis St. Germain« ist nicht ein flammendes Plädoyer für eine Staats- und Regierungsform, die mit ihrem unverwechselbaren Charme auch im modernen Europa noch ihren Platz hat, sondern der Rückblick auf eine Epoche europäischer Geschichte, die gerade am Ende dieses Jahrhunderts angesichts neuer Nationalitätenkonflikte im geographischen Raum der alten Donaumonarchie erneute Aufmerksamkeit verdient.

Dank sei an dieser Stelle ganz besonders meinem guten Freund, dem Grafen Hans Fries, gesagt, der mir bei der Besorgung wichtiger Dokumente und Literatur sowie durch belebende Diskussion hilfreich zur Seite stand.

1. KAPITEL

Europa nach dem Sturz Napoleons – das Europa Metternichs

Die feierliche Beisetzung der letzten Kaiserin von Österreich und Königin von Ungarn, Zita, in der altehrwürdigen Kapuzinergruft in Wien am 1. April 1989 gab für einen Moment noch einmal den Blick auf eine Epoche der europäischen Geschichte frei, deren letzte, kurze Periode von der Persönlichkeit dieser Kaiserin mitbestimmt worden war. Mit dieser Beisetzung ist die genannte Periode aus dem Raum einer fragwürdigen »Zeitgeschichte« endgültig in den der Geschichte in klassischem Sinn hinübergeglitten. Diese Epoche, in deren letztem Abschnitt Kaiserin Zita von Österreich lebte und wirkte, kämpfte und litt, begann blutig im Morden der Französischen Revolution; und sie endete – noch blutiger – in zwei Weltkriegen und in den Vernichtungsorgien Stalins und Hitlers: Um die Herrschaft einer Klasse zu begründen, rottete Stalin andere Klassen – den russischen Adel, das russische Großbauerntum – völlig aus; um die Herrschaft der »nordischen Rasse« zu verwirklichen, vernichtete Hitler grausam Millionen von Juden. Zwischen dem furchtbaren Beginn dieser Epoche und ihrem noch furchtbareren Abschluß liegt eine Zeit einmaliger Entwicklung auf vielen Gebieten: der Entwicklung vom Kerzenlicht zur elektrischen Beleuchtung, von der Postkutsche zur Eisenbahn und zum Flugzeug, vom Rechenschieber zum Computer, vom Vorderlader zum Maschinengewehr, von der Reiterattacke zum Panzerangriff und – last not least – von einer in Klassen aufgeteilten zu einer klassenlosen Gesellschaft, die jedem Tüchtigen freie Bahn geben wollte, und von einem auf Europa begrenzten Kulturraum zu einer alle Erdteile erfassenden kulturellen Öffnung, in deren Zeichen außerhalb Europas, wenn auch zunächst noch unter seinem Einfluß, neue Großmächte entstanden.

In dieser Epoche, deren letzten Zeitabschnitt die Kaiserin Zita erlebte und durch ihre Persönlichkeit mitprägte, wurde der »moderne souveräne Staat« geboren, der nur dem Völkerrecht unterworfen war. Sein Geschick sollte nicht mehr von der Willkür eines absoluten Herrschers abhängig sein, sondern sich in der »konstitutionellen Monarchie«, der charakteristischen Staatsform dieser Epoche, auf die Zusammenarbeit zwischen Staatsoberhaupt und Staatsvolk gründen. In dieser Epoche setzte sich in Europa und in Amerika ein »nationales« Denken durch, das von der Nation als einer natürlichen Grundlage des Staates ausging. Die »Nation« unterschied sich durch ihre besondere Sprache, durch ihre besondere Kultur, durch ihre besondere Lebensart von anderen »Nationen«. Sie beanspruchte das Recht auf ihren eigenen Staat, den »Nationalstaat«, der alle Angehörigen einer Nation – und nur sie – umfassen sollte. Sehr spät erst wurde den fremdnationalen Minderheiten in einem Nationalstaat das Recht zur eigenen, wenn auch begrenzten Entwicklung zugestanden.

Die Idee des Nationalstaates bestimmte schon die Außenpolitik der Führer der Französischen Revolution; die Idee des Nationalstaats spielte im Widerstand Europas gegen Napoleon eine entscheidende Rolle; die Tendenz zum Nationalstaat prägte die Außenpolitik des Frankreichs der Revolution; sie war die Grundlage des Widerstands Europas gegen Napoleon. Der Nationalstaat blieb das Ziel der meisten führenden europäischen Politiker des 19. und des 20. Jahrhunderts; er steht im Mittelpunkt auch der Völkerrechtstheorie dieser Epoche.

Der Schweizer Bluntschli, einer der führenden Völkerrechtstheoretiker des 19. Jahrhunderts, Mitbegründer des Institut de Droit International, schreibt in seinem Werk über »Das moderne Völkerrecht der civilisierten Staaten« um die Mitte des Jahrhunderts: »Es war ein großer Fortschritt der Rechtserkenntnis, als man endlich einsah, daß die Völker lebendige Wesen seien und daß demgemäß auch das Verfassungs- und Staatsrecht, welches als Organisation und gleichsam als Leib des Volkes sein Leben bedingt und darstellt, diejenigen Wandlungen vornehmen muß und erfährt, welche nötig sind, um die Entwicklung des Volkslebens zu ermöglichen und zu begleiten. Der Rechtsbegriff selbst wurde dadurch vergeistigt.«

Die einzelnen Nationalstaaten bildeten in ihrer Gesamtheit in der Epoche, von der ich spreche, eine Gemeinschaft, deren Rechtsordnung man bezeichnenderweise Völkerrecht – Droit International – nannte. Staat und Nation wurden weitgehend identifiziert. Dieses Völkerrecht regelte das Verhältnis nicht nur der Völker, sondern vor allem der Staaten zueinander. Der Göttinger

Völkerrechtslehrer Saalfeld definierte 1809 in seinem »Grundriß eines Systems des europäischen Völkerrechts« das Völkerrecht als den »Inbegriff derjenigen Regeln und Gebräuche, welche von den zivilisierten Nationen Europas in ihren Verhältnissen zueinander beachtet werden«.

Der einzelne Mensch spielte in diesem Völkerrecht keine Rolle: »Das Recht aller gegenüber jedem einzelnen Glied« steht, so lesen wir schon bei Vattel in der Mitte des 18. Jahrhunderts, ausschließlich und »unerläßlich dem politischen Körper, dem Staat, zu«. In gleichem Sinn stellt Bluntschli fest: »Das Völkerrecht hütet sich davor, sich in die inneren Angelegenheiten der Staaten einzumischen, den Schutz der Privatrechte stellt es durchweg den Staaten anheim, auch dann, wenn diese Privatrechte einen allgemein-menschlichen Charakter haben, und greift nicht in die Handlungen der staatlichen Strafgerichtsbarkeit ein, wenngleich auch hier zuweilen menschliches Recht in Frage steht.«

Ein leitender Grundsatz des Völkerrechts der Epoche, von der ich spreche, ist die Gleichheit der Staaten vor dem Recht: »Jeder Staat« – so lesen wir bei Bluntschli – »ist als Rechtsperson den anderen Staaten gleich. An dem Völkerrecht haben alle Staaten gleichen Anteil, den gleichen Anspruch auf Achtung ihrer Existenz. Die Rechtsgleichheit des Staates ist ebenso zu verstehen, wie die Rechtsgleichheit der Privatperson. Der Unterschied der Größe, der Macht, des Ranges, ändert an der wesentlichen Gleichheit nichts, welches in der Anerkennung aller dieser Personen als Rechtswesen und der gleichmäßigen Anwendung der völkerrechtlichen Grundsätze auf Alle besteht.«

Bluntschli schränkt allerdings ein: »Aus der persönlichen Rechtsgleichheit der Staaten folgt nicht gleicher Rang derselben, noch das Recht eines jeden Staates, einen beliebigen hohen Titel anzunehmen. Aber es steht einem jeden Staate zu, einen seiner Bedeutung und Machtstellung entsprechenden Titel zu wählen. Die beiden Sätze, daß jeder Staat Anspruch habe auf gleichen Rang und daß jeder Staat beliebige Titel annehmen könne, wie man zuweilen aus der mißverstandenen Rechtsgleichheit gefolgert hat, sind falsch... Der Titel... aber bezeichnet den Rang, den ein Staat unter den anderen einnimmt und kann eben deshalb nicht willkürlich von jedem ohne Rücksicht auf diese gewählt werden. Es war der Gipfel der Lächerlichkeit, als ein Negerhäuptling auf Haiti den Kaisertitel für seine Flitterkrone in Anspruch nahm. Als der Kurfürst Friedrich I. von Brandenburg am 18. Januar 1701 den Königstitel annahm, konnte die innere Berechtigung desselben noch bezweifelt werden, aber die Geschichte des preussischen Staats hat seither alle Zweifel zerstreut. Ähnlich verhält es sich mit der Annahme des Kaisertitels durch Peter den Großen, welche nur sehr allmähliche Anerkennung fand (von dem deutschen Kaiser erst 1744, von Frankreich erst 1762 und von Polen 1764). Auf dem Aachener Kongress erklärten die fünf Großmächte ausdrücklich im Protokoll vom 11. Oktober 1818, daß dem Wunsche des Kurfürsten von Hessen, den Titel eines Königs nicht zu entsprechen sei und daß sie überhaupt in Zukunft über andere Titelerhöhungen gemeinsam verhandeln wollen.«

»Auf kaiserlichen Rang und Titel«, so fährt Bluntschli

dann wenig später fort, »haben nur diejenigen Staaten einen natürlichen Anspruch, welche nicht eine bloße nationale, sondern eine universelle Bedeutung haben, für die Welt oder mindestens einen Weltteil und insofern Weltmächte sind, oder welche doch als Großstaaten verschiedene Völker in sich einigen oder auf verschiedene Völker einen staatlich bestimmenden Einfluß haben.« Seinem Wesen nach ist der Gedanke des Kaisertums mit der Idee des Nationalstaats nicht vereinbar. »Das charakteristische Merkmal des Kaisertums ist das«, so stellt Bluntschli fest, »daß es sich als Staatsautorität über den engen Gesichtskreis eines besonderen Volkes und die engen Grenzen eines einzelnen Landes erhebt. Das Kaisertum hat einen weltgeschichtlichen Ursprung und eine universelle Bedeutung in der Geschichte. Daher darf auch der Kaisertitel nicht den der anmaßlichen Eitelkeit bloßer Volks- und Landesfürsten mißbraucht werden. Die fränkischen und die deutschen Könige des Mittelalters erhielten denselben als römische Kaiser und standen als Verwalter des Weltfriedens und der christlichen Weltordnung (damals Imperium mundi genannt) an der Spitze der abendländichen Christenheit. Der russische Zar Peter der Große nahm den Kaisertitel 1701 in der Absicht an, die Erinnerung an das Oströmische Kaisertum zu erneuern. Napoleon I. wollte das Reich Karls des Großen in moderner Gestalt wieder aufrichten, als er 1804 den Kaisertitel sich aneignete...«
Bluntschli spricht das Kaisertum als den vom Völkerrecht »einer Weltmacht« vorbehaltenen Rang an: er stellt damit implizite fest, daß ein Staat, dem, um Bluntschlis Ausdruck zu gebrauchen, »Kaiserlicher

Rang« zukommt, machtmäßig nicht auf eine Nation beschränkt sein kann, auch wenn in diesem »Staat mit kaiserlichem Rang eine Nation die politische, wirtschaftliche oder kulturelle Führung in Händen hat«. Der Nationalstaat hingegen ist seinem Wesen nach räumlich und machtmäßig auf eine Nation ausgerichtet und auf sie beschränkt.

In der deutschen Sprache drückt sich der Unterschied zwischen Kaisertum und Nationalstaat im Begriff des »Reiches« aus. Noch zu Beginn des 19. Jahrhunderts unterschied sich das »Reich« vom »Staat« dadurch, daß der Staat Ausdruck der politischen Form war, die jeweils eine Nation sich gegeben hat, während das »Reich« – zumindest in der ersten Hälfte des 19. Jahrhunderts – seinem Wesen nach immer mehrere Nationen umfaßte, auch wenn einer dieser Nationen eine Führungsrolle zukam. Der Begriff des Reichs ist in andere Sprachen unübersetzbar: Imperium, Empire, beziehen sich nur auf die Herrschaftsform, unabhängig davon, ob eine oder mehrere Nationen von ihr erfaßt werden. Das Reich hingegen war seinem Wesen nach multinational.

Als der letzte römische Kaiser deutscher Nation, Franz II., 1804 zunächst neben dem Titel eines Kaisers des Heiligen Römischen Reichs Deutscher Nation den eines Erbkaisers von Österreich annahm, tat er dies in der Absicht, neben das nur noch als politische Idee existierende deutsche Kaisertum und neben das nationalgebundene neue »Kaisertum« Napoleons ein drittes Kaisertum zu setzen, das einerseits als Herrschaftsgebilde politische Realität besaß, anderseits aber die Spitze eines echten Reichs, einer übernationalen Gemeinschaft war.

Das österreichische Kaiserreich reichte bei seiner Gründung von Venezien und Istrien über Görz, Friaul und Krain, über die deutschen Erblande der Habsburger, über Böhmen, Mähren und Südgalizien in einem großen Halbkreis bis zur Bukowina.
Als sich Napoleon zum Kaiser der Franzosen proklamierte, hatte seinem Kaisertum als Grundlage zunächst das supernationale »Reich« gefehlt, das im Denken der Zeit zum Kaisertum gehörte.
Napoleon erkannte diesen Mangel: Deshalb suchte er, außerhalb des nationalen Raums von Frankreich, von ihm abhängige Staaten zu schaffen; deshalb krönte er sich selbst in Mailand mit der Eisernen Krone der Langobardenkönige zum »König von Italien«; deshalb verteilte er unter seinen Geschwistern, die seit dem Hausgesetz vom 31. März 1806 von ihm abhängig waren, von Westfalen bis Neapel Königskronen; deshalb belohnte er seine Marschälle und seine engsten politischen Mitarbeiter mit von Frankreich rechtstheoretisch weitgehend unabhängigen Fürstentümern; deshalb schuf er am 8. Juli 1806 neben Preußen und Österreich »la troisième Allemagne«, den unter seinem Protektorat stehenden Rheinbund. Erst damit war ein »Reich« entstanden, an dessen Spitze Napoleon als Kaiser stand. Auf dieser Grundlage erklärte am 1. August 1806 der Bevollmächtigte Napoleons auf dem Regensburger Reichstag, sein Herr erkenne kein »Deutsches Reich« mehr an.
Franz II. zog aus dieser Erklärung Napoleons eine Konsequenz, die er nie hätte ziehen dürfen: Er »entsagte« am 6. August 1806 der deutschen Kaiserkrone. Dieser Schritt Franz' II. war – rückschauend gesehen – ein ver-

fassungswidriger Staatsstreich. Das Heilige Römische Reich Deutscher Nation bedurfte zu seiner Existenz der Anerkennung durch den jeweiligen Machthaber im französischen Nachbarstaat nicht; die deutsche Kaiserwürde andererseits stand niemals zur Disposition des jeweiligen Trägers. Kaiser zu sein, war ein Auftrag, eine feierlich übernommene Verpflichtung; von ihr konnte sich der Träger der Kaiserkrone nicht mehr lösen. In der Erkenntnis dieser Tatsache hat der letzte österreichische Kaiser, Karl, nie auf sein kaiserliches Amt verzichtet: er ist in der Verbannung, doch als Kaiser, gestorben.

Ebenso rechtswidrig wie der Rücktritt Franz' II. als deutscher Kaiser war an sich die Erklärung der im Rheinbund zusammengeschlossenen Fürsten, aus dem Reich »auszutreten«; de facto bedeutete sie allerdings – zusammen mit der Rücktrittserklärung Franz' II. – das Ende des alten deutschen Reichs, des »Heiligen Römischen Reichs Deutscher Nation«.

Auch Rechtswidrigkeit schafft politische Fakten. Der Raum, der einst in seiner Gesamtheit das Gebiet eines deutschen Reiches war, war in drei Teile auseinandergebrochen: Österreich, Preußen und der von Napoleon abhängige Rheinbund. Der »Verzicht« Franz' II. auf die deutsche Kaiserwürde war als geschichtliche Tatsache ebensowenig mehr rückgängig zu machen wie der »Austritt« der Rheinbundfürsten aus dem Deutschen Reich. Das wußte Napoleon – und das wußte natürlich auch Talleyrand, der – 1806 Außenminister Napoleons – 1814 Ludwig XVIII. von Frankreich auf dem Wiener Kongreß vertrat.

Napoleons Kaisertum hatte nur ein Jahrzehnt gedauert.

Von den verbündeten Armeen Österreichs, Rußlands und Preußens, die von dem österreichischen Feldmarschall Fürst Karl Philipp von Schwarzenberg geführt worden waren, vernichtend geschlagen, verzichtete Napoleon am 11. April 1814 auf den Kaiserthron. Sein Sohn, dem er bei der Geburt den Titel eines »Königs von Rom« gegeben hatte, erhielt nun den eines Prinzen von Parma und – nachdem über Parma von den Mächten anders verfügt worden war – den eines Herzogs von Reichstatt; er wuchs bei seiner Mutter in Wien auf und starb dort am 22. Juli 1832.
Zurück zum Jahr 1814; am 24. April landete der Bruder des während der Revolution ermordeten Königs Ludwig XVI. in Calais und übernahm als Ludwig XVIII. die Würden und Pflichten eines Königs von Frankreich. Mit ihm schlossen die Siegermächte am 30. Mai 1814 den sog. »ersten Pariser Frieden«. Der Friedensvertrag fiel für Frankreich günstig aus: Ludwig XVIII. wurden die Grenzen des Jahres 1792 zugesichert. Das südliche Saarland und die südliche Vorderpfalz – beides rein deutsche Gebiete – blieben bei Frankreich. Nach dem Zwischenspiel der »Herrschaft der hundert Tage« wurde durch den »zweiten Pariser Frieden« vom 20. November 1815 Frankreich im Osten auf die Grenzen von 1789 zurück gedrängt; so bestanden sie bis 1871 und dann wieder seit 1918 bis heute.
Am 20. September 1814 hatten sich Vertreter aller europäischen Staaten mit Ausnahme der Türkei zum Wiener Kongreß in der Hauptstadt des österreichischen Kaiserreichs getroffen, um nach dem napoleonischen Zwischenspiel die Ordnung in Europa wieder herzustellen.

Nach dem Willen der Sieger von 1814 und 1815 sollte bei dieser Neuordnung Europas einerseits nach Möglichkeit das Legitimitätsprinzip – und damit die europäische Ordnung, wie sie bis zur französischen Revolution bestand – beachtet, andererseits aber ein Gleichgewicht der europäischen Mächte geschaffen werden. In der Wahl der österreichischen Hauptstadt als Ort des Kongresses lag eine stillschweigende Anerkennung des neuen österreichischen Kaisertums in Zentraleuropa. Frankreich sollte – in allem übrigen gleichberechtigt – von der Entscheidung über die Regelung von Gebietsfragen außerhalb seiner Grenzen ausgeschlossen bleiben. Frankreichs Vertreter Talleyrand wurde einer der tonangebenden Staatsmänner auf diesem Kongreß, auf dem sich bald zwei Lager abzeichneten: auf der einen Seite Preußen und Rußland, auf der anderen Seite Österreich und Frankreich.
Das wichtigste und gleichzeitig schwierigste Problem, das sich dem Wiener Kongreß stellte, war die Neugliederung des Raums des einstigen »Heiligen Römischen Reichs Deutscher Nation«. Die Unzahl von reichsunmittelbaren Herrschaften und Reichsstädten war durch den Reichsdeputationshauptschluß und durch das spätere Eingreifen Napoleons in die deutschen Verhältnisse einer im Verhältnis zu früher klein gewordenen Zahl von 35 monarchisch geführten Ländern und 4 freien Reichsstädten gewichen; mit dem Verzicht Franz' II. auf die Würde eines deutschen Kaisers war 1806 das alte Deutsche Reich endgültig untergegangen; doch nicht nur für den gesamten deutschen Raum mußte eine neue Rechtsordnung geschaffen werden; Napoleon hatte das

alte, 1795 endgültig aufgeteilte Polen in den beiden Großherzogtümern Warschau und Posen wiederaufleben lassen; auch hier war eine Neuordnung notwendig. An die Stelle des alten Deutschen Reichs trat ein lockerer Staaten- beziehungsweise besser: Fürstenbund. Seine Aufgabe war, wie es die deutsche Bundesakte vom 8. Juli 1815 formulierte, die »Erhaltung der äußeren und inneren Sicherheit Deutschlands und der Unabhängigkeit und Unverletzlichkeit der einzelnen Bundesstaaten«. Österreich und Preußen traten diesem Deutschen Bund nur für jene Teile ihres Staatengebietes bei, die bis 1806 zum untergegangenen Deutschen Reich gehört hatten. Die österreichischen Länder ostwärts der Leitha und die preußischen Provinzen Posen, Ost- und Westpreußen sowie der zum Schweizer Staatsgebiet gehörende Kanton Neuenburg lagen damit außerhalb des Bundesgebiets.

Der zu Beginn des 20. Jahrhunderts vielgelesene Historiker S. Widmann vergleicht den Deutschen Bund mit »einer mit beweglichen Gelenken versehenen Kunstfigur, die bei Anstoß von fremder Hand ins Wackeln geriet und einige Schritte zu machen versuchte, gewöhnlich jedoch still saß, den angenähten schweren Porzellankopf vornüber geneigt«.

Nach dem Willen des Zaren wurde auf dem Wiener Kongreß ein verkleinertes Polen – das sogenannte »Kongreßpolen« – als Königreich in Personalunion mit Rußland und damit faktisch unter russischer Herrschaft geschaffen. Preußen hatte bei der dritten Teilung Polens 1795 ganz Nordwestpolen bis nahe an Brest-Litowsk und an Kowno und das zur Hauptstadt »Südpreußens«

avancierte Warschau erhalten; 1807 verlor Preußen den größten Teil dieses Gebiets an das von Napoleon geschaffene Großherzogtum Warschau, das mit dem Königreich Sachsen und von dem Korsen in Personalunion vereint worden war; einen kleineren Teil verlor Preußen an ein ebenfalls von Napoleon geschaffenes, kurzlebiges Großherzogtum Posen. Dieses zum polnischen Sprachraum gehörende Gebiet erhielt Preußen nach dem Willen des Wiener Kongresses zusammen mit dem deutschsprachigen Kulmer Land zurück; der größere Teil der preußischen Erwerbungen von 1795 fiel 1815 allerdings wieder an das neu geschaffene Kongreßpolen und damit mittelbar an Rußland. Als Ersatz für das verlorene polnische Gebiet forderte Preußen auf dem Wiener Kongreß zunächst die Einverleibung ganz Sachsens in Preußen – ein Plan, mit dem schon Mitte des 18. Jahrhunderts Friedrich der Große von Preußen gespielt hatte, der aber schließlich nur zur Hälfte in Erfüllung ging: In einer Kompromißlösung erhielt Preußen auf dem Wiener Kongreß die nördliche Hälfte des Königreichs Sachsen, die spätere preußische »Provinz Sachsen« zugesprochen. Preußen blieb damit zwar – was das Staatsgebiet anlangte – in eine östliche und eine westliche Hälfte geteilt, zwischen dem das Königreich Hannover und das Großherzogtum Oldenburg lagen. Doch durch die Annektion von mehr als der Hälfte des Königreichs Sachsen, durch die endgültige Einverleibung des kurzlebigen »Großherzogtums Posen« und von Schwedisch-Pommern und last not least durch den Erwerb des größten Teils der ehemaligen Kurlande Köln und Trier und des Kreises Wetzlar war es zu dem Staat geworden, der im

Deutschen Bund 1815 die meisten deutschen Untertanen zählte.
Durch die Steinschen Reformen, durch die Neuorganisation seines Heerwesens durch Scharnhorst und unter dem Eindruck der Lehren des Philosophen Fichte und des Theologen Schleiermacher hatte es – neben Österreich und auf gleicher Ebene mit ihm – eine führende Stelle im deutschsprachigen Raum erworben.
Österreich, das die alten Habsburger Besitzungen in der Schweiz schon im 14. und 15. Jahrhundert verloren und im Westfälischen Frieden 1648 seinen Besitz im linksrheinischen Elsaß an Frankreich abgetreten hatte, verzichtete auf dem Wiener Kongreß 1815 auf den Rest seiner westdeutschen Besitzungen – auf das sogenannte Vorderösterreich – und damit auf die überkommene Schirmherrschaft am Oberrhein: das Staatengebilde, das durch Jahrhunderte die führende Kraft im deutschen Raum gewesen war, wurde damit endgültig in die Südostecke dieses Raumes gedrängt, während Preußen am Niederrhein festen Fuß fassen konnte.
Reformation, 30jähriger Krieg und last not least das über die Reichsgrenzen hinausreichende, nach Königskronen außerhalb dieser Grenzen greifende Machtstreben großer deutscher Herrschaftsgeschlechter – der Habsburger, der Hohenzollern, der Wittelsbacher, der Wettiner, der Welfen – hatten das alte Deutsche Reich zwar geschwächt, doch das Gefühl der Zusammengehörigkeit der einst im Reich verbundenen Staaten und Stämme im Volk nicht auslöschen können. Diesem Zusammengehörigkeitsgefühl wurde die auf dem Wiener Kongreß beschlossene Deutsche Bundesakte vom 8. Juli 1815 nur

in geringem Maß gerecht; die Sehnsucht nach dem »Reich« blieb lebendig.
Anders als in Deutschland war in Italien erst durch Napoleon ein einheitlicher Staat – das Königreich Italien – geschaffen worden. Mit dem Sturz Napoleons war dieser Staat wieder untergegangen. Der Wiener Kongreß suchte in Italien die Uhr um zwanzig Jahre zurückzudrehen, damit aber auch gleichzeitig eine gewisse österreichische Vorherrschaft im italienischen Raum sicherzustellen. Österreich erhielt Venezien und die Lombardei – letztere als ein mit Österreich in Personalunion verbundenes Königreich. In den wiederhergestellten Herzogtümern Modena (mit Reggio) und Toskana herrschten Habsburger; die Habsburgerin Marie-Louise, für drei kurze Jahre Napoleons Gemahlin und Mutter des »Königs von Rom«, erhielt auf Lebenszeit die Herrschaft in Parma, Piacenza und Guastalla; das sizilianische Königshaus war mit dem Haus Habsburg durch Verwandtschaft verbunden. Schon die Kaiserin Maria Theresia war kurze Zeit – von 1735 bis 1748 – die anerkannte Herzogin von Parma gewesen; sie mußte es – eine der bitteren Folgen des von König Friedrich dem Großen von Preußen vom Zaun gebrochenen Zweiten Schlesischen Kriegs, in dem Preußen im Bündnis mit den französischen Bourbonen gegen die deutsche Kaiserin gekämpft hatte – im Frieden von Aachen wieder an die spanischen Bourbonen herausgeben, die Parmas Krone 1731 aufgrund einer Abmachung mit der letzten Herzogin aus dem Hause Farnese ererbt hatten.
Marie-Louise von Parma starb 1847. Nach dem Willen der europäischen Großmächte fiel nach ihrem Tod die

Krone Parmas wieder an die spanischen Bourbonen, die bis 1802 dort regiert hatten. Ihre Rückkehr auf Parmas Thron wurde von Parmas Bevölkerung nicht begrüßt. Nach einer Regierungszeit von nur wenigen Monaten wurde Herzog Karl II. von Parma 1848 vertrieben und zur Abdankung gezwungen. Sein Sohn und Erbe Karl III., den die Österreicher nach Parma zurückgeführt hatten, wurde 1854 ermordet. Ihm folgte als Herrscher ein Kind: der erst 1848 geborene Sohn Karls III., Robert, der unter der Vormundschaft seiner Mutter Louise aufwuchs, der Schwester des Grafen Chambord, wie er in Österreich erzogen, und weitgehend von ihm beeinflußt. 1859 endete die Herrschaft der spanischen Bourbonen in Parma endgültig; 1860 wurde Parma dem aufstrebenden Sardinien einverleibt; das vertriebene Haus Bourbon-Parma fand in Österreich Asyl. 14 Kinder überlebten Herzog Robert von Parma, der in erster Ehe mit Maria Pia, Prinzessin von Bourbon-Sizilien und in zweiter Ehe mit Maria-Antonia, Infantin von Portugal, verheiratet war. Seine beiden Schwiegermütter waren Deutsche, die erste eine Erzherzogin von Österreich, die zweite eine Prinzessin zu Löwenstein-Wertheim-Rosenberg. Seine Kinder lebten zum Teil in Österreich, zum Teil in Frankreich; als gern gesehene Gäste kehrten sie oft für einige Monate nach Parma zurück. Roberts Tochter Zita heiratete 1911 den Erzherzog Karl von Österreich-Este, der nach dem Tod Kaiser Franz Josephs Kaiser von Österreich und König von Ungarn wurde und am 1. April 1922 im Asyl in Funchal auf Madeira starb.

2. KAPITEL

Die Wende: Das Frankreich Ludwigs XVIII. und des Fürsten Polignac; der Sieg der nationalen Idee

Die Kompromisse, die von den europäischen Staatsmännern auf dem Wiener Kongreß als politische Grundlage der Zukunft Europas gefunden worden waren, mochten vielleicht die alten Herrscherhäuser befriedigt haben: doch sie enttäuschten die europäischen Völker. Die erste Hälfte des 19. Jahrhunderts stand fast in ganz Europa im Zeichen eines Kampfes der Völker für ein besseres, ein liberales, ein modernes Europa, gegen die Restauration, für die Freiheit und staatliche Einheit der Nationen, für Mitbestimmung nach innen und Selbstbestimmung nach außen.

1820 wurde der zweite Sohn des Thronfolgers nach dem kinderlosen König Ludwig XVIII., der Herzog von Berry, in Paris auf offener Straße ermordet; der Mörder bekannte offen, er habe damit der Dynastie der Bourbonen den Todesstoß versetzen wollen. Im gleichen Jahr kam es im »Königreich beider Sizilien« zum Aufstand: das Volk forderte eine fortschrittliche Verfassung – und auf der Insel Sizilien die Loslösung von Neapel. Der König beider Sizilien, Ferdinand IV., erbat auf dem Kongreß zu Laibach 1821 die Intervention Österreichs, Preußens und Rußlands; mit blutiger Strenge stellten österreichische Truppen in Neapel und auf der Insel Sizilien die alte Ordnung wieder her.

In Frankreich starb 1824 Ludwig XVIII. hochbetagt kinderlos; als Karl X. bestieg sein Bruder, der Vater des ermordeten Herzogs von Berry, den Thron. Das Wesen Karls X. war gewinnend und seine ersten Regierungshandlungen versprachen größere Freiheit. Doch der Schein verflog bald. Als der König 1829 den erzkonservativen, in der öffentlichen Meinung verrufenen Fürsten Julius Polignac an die Spitze einer Regierung der Reaktion berief, war es nur noch eine Frage der Zeit, wann die liberalen Kräfte sich gegen den konservativen König durchsetzen würden. Vergeblich suchte Karl X. im letzten Augenblick einzulenken; am 7. August 1830 wurde der Sohn des berüchtigten Philippe-Egalité von der Deputiertenkammer zum »König der Franzosen« gewählt. Karl X. floh nach England. Sein Enkel, der Graf von Chambord, der nach der Ermordung seines Vaters, des Herzogs von Berry, und dem Thronverzicht seines Onkels, des Herzogs von Angoulême Thronfolger geworden war, fand zusammen mit seiner Schwester Louise in Wien Aufnahme am Kaiserhof und eine seinem Rang entsprechende gute Erziehung.

Im Frühjahr 1848 kam die Ablehnung des Restaurationsversuchs des Wiener Kongresses in fast allen Staaten Europas offen zum Ausbruch. Neben dem liberalen Bürgertum erschien dabei auch die Arbeiterbevölkerung mit neuen Forderungen auf der politischen Bühne; sie verlangte nicht ein »Mehr« an Liberalismus, sondern die Verwirklichung eines frühen Sozialismus, Gleichheit des Besitzes, Vergesellschaftung der Produktionsmittel anstelle des abzuschaffenden privaten Eigentums, das Recht auf Arbeit und auf den vollen Arbeitsertrag – Forderungen, gegen die sich die Waffengewalt des Staates nicht einsetzen und deren Verwirklichung sich nicht in Abstimmungen, sondern nur durch Gewalt durchsetzen ließ. In Frankreich suchten die Regierungen des »Bürgerkönigs« – insbesondere Adolphe Thiers, dem Louis Philippe großenteils den Thron verdankte und der von 1832 bis 1836 sein Minister, von 1836 bis 1840 sein Ministerpräsident war – an das französische Nationalgefühl zu appellieren, um ein Gegengewicht gegen diese revolutionären Ideen zu schaffen. Thiers richtete seine Angriffe vor allem auf Deutschland und versprach, den Rhein wieder zu einem französischen Strom zu machen. 1840 wurde das Ministerium Thiers gestürzt. Thiers selbst trat an die Spitze einer starken Opposition, die gegen das persönliche Regiment des Königs und gegen die Korruption, für eine aktive Außenpolitik und für eine demokratische Wahlreform kämpfte. Als Thiers ein geplantes Reformbankett, bei dem die Nationalgarde ohne Waffen Spalier bilden sollte, in letzter Minute absagte, kam es zu Massenkundgebungen in den Straßen von Paris. Am 23. Februar 1848 fiel dabei ein Schuß. Wer ihn abgegeben hat – ein Angehöriger der Wache oder einer der Demonstranten – blieb ungeklärt: jedenfalls war dieser verhängnisvolle Schuß der Startschuß für die Revolution. Zu spät berief Louis Philippe Thiers am 24. Februar nochmals zum Regierungschef, schon hatte sich eine provisorische Regierung gebildet, die am Abend des 24. Februar 1848 – »vorbehaltlich der Zustimmung des Volkes« – die Republik proklamierte. Louis Philippe

verzichtete zugunsten seines Enkels auf die Krone; am 27. Februar 1848 wurde auf dem Platz der Bastille die Republik verkündet.
Die französische Revolution des Jahres 1848 stand im Unterschied zu der von 1830 im Zeichen des Sozialismus; sie hätte gesiegt, wenn nicht die Nationalgarde gegen die Revolutionäre eingesetzt und der energische General Cavaignac mit allen verfügbaren Mitteln eingegriffen hätte; doch die endgültige Entscheidung über die Zukunft Frankreichs fiel erst im Dezember 1848, als das französische Volk den Präsidenten der neu geschaffenen »Zweiten Republik« zu wählen hatte.
Schon seit dem Altertum begegnen wir immer wieder dem Faktum, daß ein Diktator – soviel Blut seine Herrschaft auch gekostet haben mag – ein Menschenalter nach seinem Sturz von einer Generation, die seinen Machtmißbrauch nicht mehr bewußt erlebt hat in neuem, glänzendem Licht gesehen wird, und daß – was noch schlimmer ist – auf der politischen Bühne Gestalten erscheinen, die versuchen, ihn nachzuahmen. 1848 war es der Tatkraft Cavaignacs gelungen, in Frankreich die revolutionäre Erhebung des Sozialisten Louis Blanc niederzuwerfen. Zur Wahl zum ersten Präsidenten der jungen »Zweiten Republik« stellten sich im Dezember 1848 Cavaignac und Louis Napoleon, ein Neffe und Stiefenkel Napoleons I. Cavaignac, der Frankreich kurz zuvor vor dem Chaos gerettet hatte, unterlag; Louis Napoleon erhielt über drei Viertel der abgegebenen Stimmen.
»Die Februarrevolution in Paris«, so stellt Widmann in seiner schon oben zitierten »Geschichte der neuesten

Zeit« fest, »blieb fast auf keinen Staat Europas, abgesehen vom russischen, ohne Einfluß. Überall, in Großbritannien, in Spanien, in Belgien, in Schweden, selbst in den Donaufürstentümern, gerieten die Unzufriedenen in Aufregung und Bewegung. Mit Italien verfiel Deutschland in das heftigste Fieber. Hier wie dort nationale Zersplitterung, politische Bevormundung, soziale Not; hier wie dort also auch der lebhafteste Drang nach Einheit, unwiderstehliches Verlangen nach Freiheit, beide natürlichen Bedürfnisse gehemmt durch die ungesunden Begierden des Radikalismus! So gehen nebeneinander her die Einheitsbewegung der deutschen Nation, die Verfassungskämpfe in den einzelnen Bundesstaaten, besonders Preußen und Österreich, und die sozialen Aufstände... Gleichzeitig versuchten die Polen und die Ungarn, das Band zu zerreißen, das sie politisch, die einen mit Rußland, die anderen mit Deutschland, verknüpfte.«

Von den Staaten des Deutschen Bundes wurde der Vielvölkerstaat Österreich am stärksten von der revolutionären Welle erfaßt und – bald mehr als alle anderen deutschen Staaten – in den Grundfesten erschüttert. Der 75jährige österreichische »Haus-, Hof- und Staatskanzler« Fürst Clemens Metternich hatte sein Amt unter dem Eindruck der revolutionären Bewegung am 13. Mai 1848 aufgegeben und übersiedelte zunächst nach England; die dadurch »des Drucks entledigten Regungen der Freiheit« – ich zitiere wieder Widmann – »nahmen zuweilen förmlich das Gepräge von Tobsuchtsanfällen an«. Die soziale Revolution verband sich im Vielvölkerstaat Österreich mit nationalen Aufständen. Der schwache Kaiser Ferdinand, der Franz I. 1835 auf dem Thron gefolgt war, suchte den Weg der Vermittlung und Verständigung zu gehen; Ungarn erhielt am 10. April 1848 eine neue, eigene Verfassung, in der alle Feudallasten abgeschafft, die Steuerfreiheit des Adels aufgehoben, und die Vereinigung Kroatiens, Slawoniens, Siebenbürgens und des Raums der sogenannten Militärgrenze mit Ungarn ausgesprochen wurde. Für den Cisleithanischen Raum der Donaumonarchie – unter Ausschluß des italienischen Teils – verkündete der Kaiser eine Gesamtstaatsverfassung, die jedoch von der Bevölkerung nicht akzeptiert wurde; der Kaiser wich im Mai von Wien nach Innsbruck aus; in Wien regierte ein von den Aufständischen geschaffener Sicherheitsausschuß.

Unter dem Eindruck des Erfolgs der Ungarn trat am 2. Juni 1848 ein allslawischer Kongreß in Prag zusammen, der am 5. Juni die Verbindung der slawischen Stämme unter dem Kaiser von Österreich unter der Bedingung beschloß, daß der Gesamtstaat Österreich nicht mehr dem Deutschen Bund angehören werde. Der österreichische Militärgouverneur Fürst Alfred Windischgraetz machte mit Waffengewalt dem Prager Spuk ein Ende.

Auch in Preußen kam es zu bürgerkriegsähnlichen Auseinandersetzungen mit dem Schwerpunkt in Berlin, wo zwischen dem 17. und 18. März 1848 216 Zivilisten und 20 Soldaten ihr Leben verloren.

»Trotz der traurigen Erfahrungen unbeirrt in den politischen Plänen für Deutschland« – so Widmann – erklärte der König von Preußen in einer Proklamation am 21. März 1848: »Rettung aus unseren Gefahren kann nur aus der innigsten Vereinigung der deutschen Fürsten und Völker unter einer Leitung hervorgehen. Ich übernehme heute diese Leitung für die Tage der Gefahr... Mein Volk, das die Gefahr nicht scheut, wird mich nicht verlassen, und Deutschland wird sich mir mit Vertrauen anschließen...« Mit dieser Proklamation erhob Preußen zum ersten Mal den Führungsanspruch im deutschen Raum – ein offener Affront gegen Österreich. Damit begann zwischen Preußen und Österreich ein Kampf um die Vormachtstellung, der 1866 zum Krieg zwischen den beiden deutschen Staaten führen sollte.

Der Aufstand des Jahres 1848 wurde im deutschen Raum gleichzeitig zum Kampf um eine Wiedergeburt des deutschen Reiches, das heißt, um die Verwirklichung eines Wunschtraums, vor allem der deutschen akademischen Jugend, der schon auf dem Hambacher Fest 1832 zum Ausdruck gekommen war, dem aber der Partikularismus der deutschen Landesfürsten im Wege stand. Eine nationale Welle erfaßte das ganze deutsche Volk. Selbst der Bundestag, das höchste Organ des deutschen Bundes von 1815 sang – wie Widmann sich ausdrückt – »ein nationales Morgenlied...; er erhob... die geächteten Hochverratsfarben Schwarz-Rot-Gold zu Bundesfarben und forderte die Regierung auf, Männer des öffentlichen Vertrauens zur Beratung über die Revision der Bundesverfassung zu berufen. 17 Vertrauensmänner... traten am 30. März zusammen. Gleichzeitig versammelten sich... in Frankfurt am Main auch 500... Männer zu einem ›Vorparlament‹, nicht Abgesandte der Staaten oder Gewählte des Volkes, sondern Mitglieder politischer Clubs oder Vertreter politischer Richtungen.«

Unter dem Eindruck dieser Vorgänge beschloß am

30. März 1848 der deutsche Bundestag als oberstes Organ des Deutschen Bundes, die Regierungen der Mitgliedstaaten des Deutschen Bundes aufzufordern, die Wahl von Volksvertretern für ein deutsches Parlament anzuordnen. Am 18. Mai 1848 trat dieses Parlament, 586 Mitglieder stark, in der Paulskirche zu Frankfurt zusammen. Der hessische Abgeordnete Heinrich von Gagern, ein Wortführer liberaler Ideen, wurde zum Präsidenten gewählt; auf seinen Vorschlag hin berief die Versammlung, ohne sich um die deutschen Fürsten und die bestehenden Regierungen zu kümmern, den 66jährigen Erzherzog Johann von Österreich, der wegen seiner Leutseligkeit, wegen seiner Ehe mit der Tochter des Ausseer Postmeisters Plochl und last not least wegen eines Trinkspruchs auf Deutschlands Einigkeit volkstümlich geworden war, am 29. Juni 1848 zum »Reichsverweser über Deutschland«.

Im Parlament von 1848 bildeten sich zunächst drei Parteien: die konservative Rechte, das liberale Zentrum und die republikanische Linke. Als man im Oktober 1848 an die Beratung einer Reichsverfassung ging, spaltete sich das Parlament in »Kleindeutsche«, die einen festgefügten Bundesstaat unter preußischer Führung anstrebten, und »Großdeutsche«, die sich für einen großen Staatenbund unter österreichischer Führung einsetzten. »Man kann sagen«, so stellt Emil Franzel in seiner »Geschichte des deutschen Volkes« fest, »daß im Allgemeinen der Großdeutschen Fraktion die Österreicher, die Katholiken und die Linken angehörten, während die Kleindeutsche Erbkaiser-Partei von der äußersten protestantischen Rechten mit Einschluß einiger borussophiler

Katholiken bis zur äußersten Linken quer durch die früheren Fraktionen hindurch griff.« Hundert Jahre zuvor – im Augenblick der größten Schwäche des alten »Deutschen Reichs« und der blutigen, langwierigen Auseinandersetzungen zwischen Österreich und Preußen – hätte sich niemand Deutschland ohne Österreich vorstellen können...

Die Mehrheit des Parlaments schien sich zunächst für die großdeutsche Lösung zu entscheiden; im Frühjahr 1849 gewannen jedoch die Kleindeutschen die Oberhand. Eine starke Minderheit von 290 Stimmen wählte am 28. März 1849 den König von Preußen zum deutschen Kaiser; 248 Mitglieder des Parlaments hatten sich bei der Abstimmung der Stimme enthalten. König Friedrich Wilhelm IV. von Preußen wollte jedoch die Kaiserkrone, wie er sagte, nicht »aus den Händen der Revolution annehmen«. Damit war praktisch das Werk der Nationalversammlung gescheitert. Sie wurde politisch bedeutungslos und lief allmählich auseinander.

Im Herbst 1848 waren die Aufstände teils sozialen, teils nationalen Charakters in dem Vielvölkerstaat Österreich erneut ausgebrochen. Kaiser Ferdinand war aus dem unruhigen Wien nach Olmütz ausgewichen; der Thronfolger Erzherzog Franz Karl verzichtete auf die Krone und der 18jährige Neffe Ferdinands, Franz Joseph, bestieg am 2. Dezember 1848 – um nochmals Franzel zu zitieren – »den sturmumtosten Thron, an dem die Tradition des alten Österreich haftete«.

Die Revolution des Jahres 1848 hatte auch Italien ergriffen. Schon im Anschluß an die französische Julirevolution von 1830 war es dort zu Aufständen gekommen, die

ein österreichisches Heer 1831 niedergeschlagen hatte; doch die Unruhe im italienischen Volk war bestehen geblieben. 1832 war von Giuseppe Mazzini in Paris der Bund der Giovane Italia gegründet worden, dem zur Gründung der Republik Italien jedes Mittel erlaubt schien; neben die Verschwörerarbeit der Mazzinisten war zu Beginn der 40er Jahre des vorigen Jh.s mit Schwerpunkt im Norden Italiens die Reformpartei für Italiens Auferstehung – Risorgimento – getreten; als 1848 in Wien die Revolution auszubrechen schien, kam es zu einer Fülle von Gewalttaten; König Karl Albert von Sardinien, der schon früher an den Aufständen teilgenommen hatte, stellte sich an die Spitze der Einheitsbewegung; da der nationale Aufstand auch die Lombardei ergriffen hatte, intervenierte Österreich mit militärischer Macht. Am 6. Mai 1848 wurde Karl Albert von den Österreichern unter Radetzkys Führung bei Santa Lucia, am 25. Juli 1848 bei Custoza und am 23. März 1849 bei Novara vernichtend geschlagen. Österreich besetzte vorübergehend die Romagna, die Marken und Perugia; die Fürsten von Parma, Modena und Toskana wurden – wenn auch nur für weniger als ein Jahrzehnt – restituiert.
Der Krieg in Oberitalien war noch nicht beendet, als Österreich durch einen bewaffneten Aufstand in Ungarn von neuem erschüttert wurde. In Ungarn hatte Kossuth im Zeichen der Aufbruchstimmung von 1848 eine einheitliche Verfassung für alle Länder der ungarischen Krone durchgesetzt; die meisten nichtmagyarischen Völkerschaften – Kroaten, Rumänen und Serben – protestierten mit Waffengewalt. Der Banus von Kroatien, Dalmatien und Slawonien, Graf Josef Jellačić, drang im

September 1848 bis Budapest vor und brachte vorübergehend große Teile des westlichen Ungarn unter seine Gewalt; gegen ihn erhob sich der Kern des ungarischen Volkes unter Führung von Lajos Kossuth. Es kam zum völligen Bruch Ungarns mit Österreich, für das Jellačić kämpfte. Der junge Kaiser Franz Joseph wurde von den ungarischen Aufständischen nicht mehr als König anerkannt; auf dem Debrecziner Reichstag vom 14. April 1849 wurde das Haus Habsburg in Ungarn für abgesetzt erklärt und die Republik proklamiert; Jellačić wurde von den aufständischen Ungarn am 14. Juli 1849 vernichtend geschlagen. Verhältnismäßig schwache österreichische Streitkräfte gingen daraufhin zusammen mit einem russischen Hilfskorps unter dem Kommando der russischen Generale Paskiewitsch und Kotzebue gegen die ungarischen Aufständischen vor und schlugen sie am 31. Juli 1849 bei Schaesburg vernichtend. Die Führer der Aufständischen ergaben sich oder flohen in die Türkei. Die ungarische Verfassung wurde als verwirkt erklärt; eine nie ins Leben getretene Gesamtverfassung für ganz Österreich vom 4. März 1849 wurde Ende 1851 auch formell aufgehoben. Schon seit 1850 wandelte die Regierung Österreichs in den Bahnen eines aufgeklärten Absolutismus, der mit vielen gemeinnützigen Reformen an Josephinische Traditionen – allerdings ohne den laizistisch-antikirchlichen Einschlag Josephs II. – erinnerte.

Zurück zur »Deutschen Frage«: Seit Beginn des Jahres 1849 verhandelten Österreich und Preußen untereinander und mit den deutschen Mittelstaaten erfolglos über eine Revision der Bundesverfassung. Friedrich Wilhelm IV. von Preußen vertrat den Gedanken eines »engeren Bundes« unter preußischer Führung, der mit Österreich ein »unauflösliches Bündnis« eingehen sollte; er schloß deshalb – als ersten Schritt zur Verwirklichung dieser Idee – mit Sachsen und Hannover das sogenannte »Dreikönigsbündnis«, das sich bald durch den Beitritt der Mehrzahl der Kleinstaaten zur »Union« ausweitete. Auf Vorschlag des Reichsverwesers einigten sich Österreich und Preußen, gemeinsam bis zum Zustandekommen dieser Bundesreform die Exekutivgewalt im Raum des deutschen Bundes zu übernehmen. Dieses »Interim« dauerte nur kurze Zeit. Der Reichsverweser, Erzherzog Johann, resignierte und trat am 20. Dezember 1849 endgültig zurück. Ein nach Erfurt einberufenes Unionsparlament nahm im April 1850 eine ihm von Preußen vorgelegte »Unionsverfassung« an; doch Österreich erhob Einspruch und berief den Deutschen Bundestag, das oberste Organ des deutschen Bundes von 1815, nach Frankfurt ein. Der Versuch, ein alle deutschen Staaten umfassendes neues »Reich« zu schaffen, war gescheitert. Der Gegensatz zwischen Österreich und Preußen war nicht kleiner, sondern im Gegenteil größer geworden.

Die Auseinandersetzungen zwischen den beiden deutschen Großmächten Österreich und Preußen verlangte auch von den deutschen Mittelmächten Bayern, Württemberg und Hannover eine Stellungnahme; sie alle fürchteten ein preußisches Kaisertum und den Ausschluß Österreichs aus dem Reich. Daher schlug Bayern eine Reichsführung durch ein drei-, später siebenköpfiges Direktorium und als gesetzgebendes Organ eine Nationalversammlung vor, die aus 300 indirekt durch die

Landesvertretungen gewählten Mitgliedern – 100 Österreichern, 100 Preußen und 100 Abgeordnete aus den übrigen Staaten – vor. Um diese sogenannte »Triasidee« durchzusetzen, schloß Bayern mit Sachsen, Württemberg und Hannover das sogenannte »Vierkönigsbündnis«. Österreich stimmte dem Entwurf des »Vierkönigsbündnisses« mit unwesentlichen Einschränkungen zu; Preußen hingegen, das mit der von ihm geführten »Union« die deutsche Frage in kleindeutschem Sinn lösen wollte, lehnte ab. Es ist Emil Franzel zuzustimmen, wenn er bemerkt: »Damit war vielleicht die letzte Gelegenheit versäumt, aus der Konkursmasse der 48er Bewegung noch eine wirkliche Bundesreform zu retten, ohne darüber Krieg führen zu müssen.«

Schon im Herbst 1850 wäre es fast zu einer bewaffneten Auseinandersetzung zwischen Österreich, Bayern und Sachsen einerseits und Preußen andererseits gekommen: »Am 8. November 1850« – ich zitiere wieder Emil Franzel – »fielen bei Bronzel in Hessen zwischen preußischen und bayrischen Vorposten Schüsse. Bis auf den berühmt gewordenen toten Schimmel gab es keine Opfer...«

Österreich ging es nicht um eine Demütigung Preußens, sondern nur um die Erhaltung der österreichischen Stellung im Verband der deutschen Staaten. Das Wort des Fürsten Schwarzenberg: »Hinauswerfen aus Deutschland lassen wir uns nicht!« blieb bis 1866 der oberste Grundsatz der österreichischen Deutschlandpolitik.

Ein Blick zur Weltlage über die Grenzen Deutschlands hinaus: in Frankreich war am 2. Dezember 1852 Napoleon III., nachdem er nach einem Staatsstreich der Cavaignac und Thiers, seine gefährlichsten Gegner, ausgeschaltet hatte, durch eine Volksabstimmung zum Kaiser proklamiert worden. Die Anerkennung der Mächte erfolgte rasch; nur der Zar machte anfangs noch einige Schwierigkeiten. Um seine Herrschaft zu festigen, suchte Napoleon III. durch glänzende kriegerische Erfolge das Ruhmbedürfnis der Franzosen zu befriedigen. Die Teilnahme Frankreichs am sogenannten »Krimkrieg« 1854 auf türkischer Seite – zusammen mit England und Sardinien – brachte Napoleon keinen überzeugenden militärischen Sieg – und damit nicht das, was er sich persönlich von ihm erhofft hatte: den Kriegsruhm eines Feldherrn, der dem ersten Napoleon auch in der Verbannung noch verblieben war.

Dieser Ausgang des Krimkriegs war für Frankreich – wie für das verbündete Sardinien – vor allem ein politischer Erfolg. Am 25. Februar 1856 trat in Paris ein Friedenskongreß zusammen. Am 30. März 1856 kam ein Friede zustande; mit ihm ging die Machtstellung, die Rußland bisher in Europa eingenommen hatte, praktisch auf Frankreich über.

Napoleon III. suchte jetzt Freundschaft mit Preußen und Rußland; in Österreich sah er den eigentlichen Feind Frankreichs. In der italienischen Frage stand er eindeutig auf Seite derer, die ein Ende des Partikularismus erstrebten und für die Einheit Italiens kämpften. Dort war seit 1849 innenpolitisch die Ruhe nicht wieder eingekehrt: im Norden stritt der von König Viktor Emanuel II. am 4. November 1852 zum sardinisch-piemontesischen Ministerpräsidenten und Außenminister ernannte 42jährige Graf Camillo Bruso di Cavour, der letzte eines

alten Geschlechts, im Süden der 1854 aus Amerika zurückgekehrte Abenteurer Giuseppe Garibaldi gegen jede Fremdherrschaft für die Einheit Italiens.
Die Labilität der politischen Verhältnisse in Italien reizten Napoleon III. Schon um des Namens willen, den er trug, brauchte er Krieg und Sieg. Er »wagte viel« – ich zitiere wieder Emil Franzel – »als er im Jahr 1859 nach vorbedachtem Plan einen Krieg mit Italien entfesselte«: Es galt, »die konservativen Mächte zu stürzen, die Verträge von 1815 zu zerreißen und Frankreich in einem nach dem Nationalitätenprinzip gegliederten, von Demokraten und Liberalen beherrschten Europa die Stellung zurückzugewinnen, die es unter dem ersten Napoleon eingenommen hatte. Napoleon III. glaubte, keinen anderen Weg zur Revision der Verträge und zur Vergrößerung Frankreichs zu sehen, als die Entfesselung der nationalen Revolution in Italien. Griff sie auf Deutschland über, so wollte er sie auch hier bis zu dem Grad fördern, daß sich Preußen in Norddeutschland vergrößerte und nördlich der Mainlinie einen nationalen Einheitsstaat bildete. Es konnte Frankreich nur nützen, wenn der deutsche Dualismus wieder stärker in Erscheinung trat... Es kam für Napoleon darauf an, Österreich ins Unrecht zu setzen, in Italien als uneigennütziger Beschützer des unterdrückten Volkes aufzutreten und den Krieg rasch zu entscheiden, ehe aus ihm eine europäische Konflagration entstand und der Deutsche Bund gezwungen wäre, zugunsten Österreichs einzugreifen.«
Bei einer Zusammenkunft in Plombières Ende Juli 1858 vereinbarte Napoleon mit Cavour den Plan der Befreiung Italiens von der österreichischen Vorherrschaft. Auf

der Rückreise von Plombières hatte Cavour in Baden-Baden eine Begegnung mit dem Prinzregenten von Preußen, dem späteren König Wilhelm I.
Rußland schlug die Einberufung einer europäischen Konferenz über die italienischen Zustände vor; diese Konferenz sollte – so meint Franzel – »den Franzosen zu Zeitgewinn verhelfen und Österreich moralisch verurteilen«. Doch Österreich lehnte den russischen Plan ab. »Man gedachte in Wien« – ich zitiere wieder Franzel – »nicht nur die italienischen Provinzen gegen die Revisionsgelüste Napoleons zu verteidigen, sondern wollte den Usurpator selbst stürzen. Das war... nur möglich, wenn der italienische Krieg zu einem deutschen Nationalkrieg wurde. Am 14. April 1859 traf Erzherzog Albrecht, ein Sohn des Siegers von Aspern, als Sonderbotschafter seines Kaisers in Berlin ein, um Preußen zu einer Teilnahme an einem Krieg gegen Frankreich zu gewinnen. Er fand zu seiner Überraschung eine frostige Stimmung vor. Die Zeiten waren vorbei, da ein romantischer und reichstreuer König angesichts der gemeinsamen Gefahr... das Bündnis von 1813 zu erneuern bereit war... Unverrichteter Dinge verließ der Erzherzog die preußische Hauptstadt.« Soweit Franzel.
Inzwischen nahmen die Dinge ihren Lauf. Am 7. Februar 1859 erklärte Napoleon III. in der gesetzgebenden Körperschaft, er werde »die Differenzen mit Österreich dadurch schlichten, daß er der Zivilisation Geltung verschaffe«. Kaiser Franz Joseph rief den milden und liberalen Erzherzog Maximilian von seinem Posten als Generalgouverneur der Lombardei ab und stellte das Land unter Kriegsgesetz; während in Süddeutschland – vor

allem in Bayern – Regierung und Volk für Österreich eintraten, ging Preußen, das die französische Karte spielte, auf Distanz zu Österreich.

Als französische Truppen in Piemont einrückten, stellte Österreich am 23. April 1859 Sardinien ein Ultimatum: Abrüstung oder Krieg. Piemont lehnte ab; doch die Schuld am Krieg fiel jetzt auf Österreich. Unwillkürlich muß man an ein anderes Ultimatum Österreichs – 55 Jahre später – denken...

Der Oberbefehlshaber der österreichischen Armee, Graf Franz Gyulay, zeigte sich seiner nicht leichten Aufgabe nicht gewachsen; ihm fehlten die notwendige Entschlußfreudigkeit und klare Feindbeurteilung. Durch seine Untätigkeit nach der Kriegserklärung vom 29. April 1859 ermöglichte er die Vereinigung der französischen und sardinisch-piemontesischen Truppen. Ein Gefecht bei Montebello, südlich des Pos verlief für die Österreicher unglücklich; in einem kühnen Flankenmarsch nach Norden bedrohte Napoleon Mailand. Als die Franzosen den Tessin überschritten, kam es am 4. Juni 1859 bei Magenta zur Schlacht; noch ehe sie verloren war, ordnete Gyulay den Rückzug an. Napoleon zog, von der Bevölkerung begeistert empfangen, in Mailand ein. Kaiser Franz Joseph übernahm an Stelle von Gyulay selbst den Oberbefehl über die österreichischen Truppen; doch auch er konnte das Blatt nicht mehr wenden. Südlich des Gardasees kam es zur entscheidenden Begegnungsschlacht. Am rechten Flügel der Österreicher warfen diese unter Führung des Feldmarschall-Leutnants Ludwig von Benedek die sardinisch-piemontesischen Truppen zurück; im Zentrum, bei dem Ort Solferino, gewannen hingegen die Franzosen entscheidend an Boden. Die französische Infanterie war taktisch wendiger als die österreichische; die Franzosen verfügten zudem schon über Geschütze mit gezogenem Rohr, die, was Treffsicherheit und Reichweite anlangte, den österreichischen Geschützen mit glattem Rohr weit überlegen waren. Seit den Tagen Napoleons I. war die Schlacht bei Solferino die blutigste des Jahrhunderts; erst die einbrechende Nacht machte dem Kampf ein Ende. Die Österreicher zogen sich hinter den Mincio in das Festungsdreieck südlich des Gardasees zurück.

Die Nachricht von dem Gemetzel bei Solferino erschütterte ganz Europa. Preußen war bereit, jetzt einzugreifen. Ich zitiere wieder Franzel: »Franz Joseph hatte in Berlin nochmals seinen Plan unterbreiten lassen, mit der gesamten Bundesmacht, wobei Erzherzog Albrecht am Oberrhein, der Prinzregent von Preußen im Zentrum und auf dem rechten Flügel kommandieren sollten, in Frankreich einzufallen und den Krieg bis zum Sturz Napoleons fortzusetzen... In Berlin aber ging man auf diese kühnen Vorschläge nicht ein, sondern hielt zähe an der Forderung nach dem preußischen Oberbefehl über das gesamte Bundesheer... fest. Kaiser Franz Joseph fürchtete, daß ihn die Erhaltung seiner italienischen Provinzen mit preußischer Waffenhilfe die deutsche Stellung Österreichs kosten könnte. Er schloß am 8. Juli 1859 einen Waffenstillstand und drei Tage später zu Villafranca einen Vorfrieden mit Napoleon. Die beiden Herrscher trafen sich in einem kleinen Landhaus und vereinbarten unter vier Augen die Grundzüge des Friedens. Österreich trat die Lombardei an Frankreich ab...

Die vertriebenen mittelitalienischen Fürsten sollten wieder in ihre Herrschaft eingesetzt, ein italienischer Fürstenbund gegründet werden.«

»Der Friedensschluß rief« – ich zitiere weiter Emil Franzel – »in Deutschland und vor allem in Preußen größte Bestürzung hervor. Preußen, das seine ganze Armee aufgeboten hatte und sie jetzt unverrichteter Dinge nach Hause schicken mußte, fühlte sich hintergangen. Andererseits erließ Kaiser Franz Joseph am 15. Juli 1859 ein Manifest, in dem er heftige Anklagen gegen seine deutschen Bundesgenossen, vor allem gegen Preußen, erhob, das ihn verlassen habe und die Schuld an dem unglücklichen Ausgang des Krieges trage. Napoleon wiederum mußte von seinen italienischen Bundesgenossen den Vorwurf der Treulosigkeit einstecken. Sie dachten im übrigen nicht daran, die Bestimmungen des Friedens der in Zürich im wesentlichen im Rahmen der Präliminarien der Villafranca geschlossen wurde, einzuhalten. Kein Jahr verging, und die Fürsten von Toskana, Parma, Modena, waren verjagt, das bourbonische Königtum in Neapel nach dem Siegeszug Garibaldis ... bis unter die Wälle der lang und tapfer verteidigten Festung Gaeta gestürzt, der weitaus größere Teil des Kirchenstaates annektiert. ... Bis auf Venezien und Rom war Italien geeinigt. Viktor Emanuel II. wurde zum König von Italien ausgerufen und verlegte seine Residenz nach Florenz. Graf Cavour, dessen überlegener Diplomatie nicht zuletzt diese Erfolge zu verdanken waren, sank bald darauf ins Grab ... Napoleon nahm Hochsavoyen und das Gebiet von Nizza als Entschädigung aus piemontesischem Besitz für Frankreich.« Napoleon »ließ durchblicken, daß nunmehr auch am Rhein Frankreichs Revisionswünsche erfüllt werden müßten. Er glaubte mehr denn je, im Bunde mit Preußen dieses Ziel erreichen zu können. Dieser Plan war Hauptgegenstand der Gespräche, die er im Sommer 1862 mit dem preußischen Gesandten Otto von Bismarck führte«. Soweit die Darstellung Emil Franzels.

Am 2. Januar 1861 war der unglückliche König Friedrich Wilhelm IV. von Preußen gestorben. Er war seinem Wesen nach ein konservativer Romantiker gewesen, tief gläubig und überzeugt vom Gottesgnadentum eines Monarchen. Seit den bitteren Erfahrungen der Jahre 1848/49 war er mißtrauisch und in politischen Fragen mehr oder weniger gleichgültig geworden; die in seinem Namen von konservativen Elementen geführte Politik Preußens in den 50er Jahren war nicht immer glücklich gewesen. 1857 hatte eine geistige Erkrankung Friedrich Wilhelm IV. zur Stellvertretung, 1858 zur Regentschaft durch seinen Bruder Wilhelm geführt, der nach dem Tod seines kinderlos gebliebenen Bruders mit 64 Jahren als Wilhelm I. 1861 den preußischen Thron bestieg. Wilhelm I. war nicht so vielseitig begabt wie sein älterer Bruder, doch er verstand es, sich fähige Ratgeber zu wählen und ihre Überlegenheit zu ertragen, ohne sich etwas zu vergeben. Sein Interesse galt vor allem der Modernisierung und Vergrößerung des preußischen Heeres, was ihn in einen schweren Konflikt mit dem preußischen Landtag brachte. Wilhelm dachte bereits an Abdankung, als er im September 1863 in dem preußischen Gesandten in Paris, Otto von Bismarck, den Mann fand, der hart genug war, die innere Krisis, die

Preußen erschütterte, durchzustehen und schließlich zu lösen.

Von dem Augenblick an, da Bismarck als preußischer Ministerpräsident und Minister des Auswärtigen Preußens Politik bestimmte, verschärfte sich der Kampf um eine Lösung der sogenannten »Deutschen Frage«. Das Verhältnis zwischen der alten Führungsmacht Österreich und dem aufstrebenden Königreich Preußen, das seine Vorherrschaft im Norden des deutschen Raumes unter Bismarcks Führung immer weiter ausbaute und gleichzeitig gute Freundschaft mit Frankreich hielt, verschlechterte sich zusehends. Trotz eines österreichischen Einspruchs schloß Preußen 1862 einen Handelsvertrag mit Frankreich; es vermittelte einen Handelsvertrag zwischen dem neu geschaffenen Königreich Italien und dem deutschen Zollverein, dem Österreich nicht angehörte.

Auf dem Frankfurter Fürstentag 1863 unternahm Kaiser Franz Joseph einen letzten Versuch zur Schaffung eines einigen, föderalistisch gegliederten Deutschlands durch eine Reform des Deutschen Bundes von 1815; der Versuch scheiterte, weil König Wilhelm I. von Preußen auf Bismarcks Rat hin an diesem Fürstentag nicht teilnahm. Die Hoffnung der Mehrheit der süddeutschen Staaten, daß am 18. Augsut 1863, an seinem Geburtstag, Franz Joseph von Österreich zum Deutschen Kaiser proklamiert werde, blieb unerfüllt.

»Bismarck konnte sich die scharfe Opposition gegen den Fürstentag leisten«, so Emil Franzel, »weil diesmal ... das mächtige Rußland zuverlässig hinter Preußen stand« ... Während beim Aufstand der Polen gegen die russische Herrschaft 1863 die freisinnige Presse und die Landtagsmehrheit in Preußen von Sympathien für die Polen überströmten, sandte Bismarck den General von Alvensleben nach Sankt Petersburg und bot dem Zaren ein Bündnis gegen die polnischen Revolutionäre an. Preußen sperrte die Grenzen zu Polen. »Die ›Alvenslebensche Konvention‹« vom 23. Februar 1863 »hat Preußen ... den Dank Rußlands und unermeßlichen politischen Gewinn gebracht und darüber hinaus Bismarck persönlich das beinahe unbegrenzte Vertrauen Zar Alexanders II. erworben.« (Im 20. Jahrhundert hat Adolf Hitler versucht, 1939 das Bismarcksche politische Konzept der Freundschaft mit Rußland auf Kosten Polens wieder aufzunehmen: Er ist damit gescheitert und hat in Polen einen noch heute fühlbaren Haß gegen Deutschland eingehandelt.)

Das gemeinsame Vorgehen der beiden deutschen Führungsmächte gegen Dänemark im Jahre 1864 brachte keine Veränderung der innerdeutschen Spannung. Im Gegenteil: Die »Teilung der Beute« verschärfte den Gegensatz zwischen Österreich und Preußen. Es war nur noch eine Frage der Zeit, wann dieser Gegensatz einen Krieg der beiden deutschen Mächte um die Führungsrolle in Deutschland auslösen mußte. In der Gasteiner Konvention vom 14. August 1864 wurde zwar durch einen wenig haltbaren Kompromiß in der Schleswig-Holsteinischen Frage der Riß zwischen Österreich und Preußen noch einmal notdürftig zugedeckt; doch Bismarck trieb zielstrebig auf einen endgültigen Bruch mit Österreich zu.

Bei einer Zusammenkunft mit Napoleon III. in Biarritz im Oktober 1865 gewann Bismarck die Gewißheit, daß

Frankreich einer Erwerbung der Elb-Herzogtümer durch Preußen nicht widersprechen werde und zu Preußen bei einer Auseinandersetzung mit Österreich gutnachbarliche Beziehungen aufrechtzuerhalten bereit war; auf Italien glaubte sich Bismarck im Fall einer bewaffneten Auseinandersetzung mit Österreich – nicht so sehr wegen des zwischen Preußen und Italien bestehenden Vertragsverhältnisses, wie wegen der Gemeinsamkeit der politischen Interessen der beiden Staaten – verlassen zu können.

Am 26. Januar 1866 erklärte Bismarck dem Wiener Kabinett, daß Preußen sich wegen des Vorgehens in Holstein »volle Freiheit des Handelns« vorbehalte; Wien wies die preußischen Vorwürfe am 7. Februar 1866 kühl zurück. Gerüchte über militärische Rüstungen Preußens, die in Österreich – und über Rüstungen Österreichs, die in Preußen – im Umlauf waren, verschärften den Gegensatz. Am 8. April 1866 schloß Preußen mit Italien ein auf drei Monate befristetes Abkommen, in dem Italien sich verpflichtete, Österreich den Krieg zu erklären, wenn die Unterhandlungen Preußens über die Reform des Deutschen Bundes scheitern sollten und Preußen sich gezwungen sähe, die Entscheidung in einem Krieg mit Österreich zu suchen.

Am 9. April 1866, also einen Tag nach Abschluß des Abkommens zwischen Preußen und Italien, schlug Preußen dem Bundesrat des Deutschen Bundes vor, ein deutsches Parlament einzuberufen, das aus allgemeinen und direkten Wahlen hervorgehen sollte. In seinen »Gedanken und Erinnerungen« schreibt Bismarck dazu: »Die Annahme des allgemeinen Wahlrechts war eine

Waffe im Kampfe gegen Österreich und weiteres Ausland, im Kampfe gegen die deutsche Einheit, zugleich eine Drohung mit letzten Mitteln im Kampfe gegen Koalitionen.« Die Vermittlung Bayerns bewirkte, daß der überraschende Antrag Preußens einem Ausschuß des Bundestags zur Beratung überwiesen wurde; eine Ministerkonferenz der Mittelstaaten des Deutschen Bundes beschloß – wiederum einer bayrischen Initiative folgend – Preußens Vorschläge über die künftige Bundesverfassung abzuwarten. Preußen lehnte es jedoch am 27. April 1866 ab, vor der Bestimmung eines Termins für die Einberufung des vorgeschlagenen Parlaments seine Reformvorschläge zu veröffentlichen.

Im Lauf des Aprils 1866 verstärkte Österreich seine Truppen in Böhmen. Größere italienische Truppenzusammenziehungen im Norden Italiens veranlaßten den an sich von aufrichtiger Friedensliebe erfüllten jungen Kaiser Franz Joseph, am 21. April 1866 die Mobilmachung der österreichischen Südarmee unter Führung von Erzherzog Albrecht anzuordnen; Italiens spätere militärische Maßnahmen erschienen damit als Akte der Notwehr.

»Die übelste Rolle« – ich zitiere wieder Emil Franzel – »spielte jetzt Napoleon III. Er schlug den Mächten die Einberufung eines Kongreßes vor, der gleichzeitig die Schleswig-Holsteinische Frage, das Venezianische Problem und die Deutsche Bundesreform behandeln sollte. Zugleich bot er Preußen ein Bündnis an, forderte aber als Entschädigung das linke Rheinufer bis zur Mosel. Bismarck nahm den Kongreßvorschlag an und lehnte die Kompensation ab; Österreich weigerte sich, einen

Kongreß zu beschicken.« Jetzt näherte sich Napoleon Österreich: Er, ließ sich von ihm vertraglich am 12. Juni 1866 Venezien zusichern, wie immer die zu erwartende bewaffnete Auseinandersetzung zwischen Österreich und Preußen auch ausfallen würde; als Gegenleistung verpflichtete sich Napoleon III. gegenüber Österreich für den Fall der bevorstehenden kriegerischen Auseinandersetzung zwischen Österreich und Preußen zur Neutralität. Für den Fall einer friedlichen Lösung bot er seine Mitwirkung an.

Vergeblich versuchte Ludwig II. von Bayern zwischen den beiden Großmächten zu vermitteln, indem er eine Dreiteilung des deutschen Bundes vorschlug: Österreich, Norddeutschland unter preußischer, Süddeutschland unter bayerischer Führung – eine Idee, die schon der Großvater Ludwigs II. von Bayern in der zweiten Hälfte der zwanziger Jahre des 19. Jahrhunderts erfolglos vertreten hatte.

Alle Versuche einer Einigung zwischen den beiden deutschen Großmächten schienen gescheitert. Preußische Truppen rückten in Holstein ein, das die Österreicher räumten. »Bismarck beschuldigte« – so berichtet Widmann – »in einem Rundschreiben die kaiserlichen Minister und diejenigen, ›die den Krieg um jeden Preis wünschen‹«.

Tatsächlich war Österreich – ebenso wie König Wilhelm von Preußen – durch Bismarck »in den Krieg gedrängt worden. Beide zweifelten nicht an ihrem Rechte... so schieden sich die deutschen Bruderstaaten in zwei Lager. Nur die Minderheit schlug sich auf die Seite Preußens... Ohne erklärt zu sein, begann der

Krieg in Deutschland am 15. Juni 1866. Italien kündigte am 20. Juni 1866 Österreich den seit 1859 bestehenden ›Waffenstillstand‹ auf«. Schon vier Tage nach Kriegsbeginn fiel in Italien am 24. Juni 1866, dem Jahrestag der Schlacht bei Solferino, die Entscheidung in der militärischen Auseinandersetzung zwischen Österreich und Italien: die Italiener wurden von den Österreichern geschlagen. Knapp einen Monat später, am 20. Juli 1866, errang der österreichische Admiral Wilhelm von Tegetthoff durch einen kühnen Angriff vor der dalmatinischen Insel Lissa einen entscheidenden Sieg über die italienische Flotte.

Im Kampf gegen Hannover, das – wie die meisten deutschen Mittelstaaten – auf österreichischer Seite stand – und im Kampf gegen die süddeutschen Staaten trugen die preußischen Truppen dagegen den Sieg davon. Die hannoveranische Armee mußte, von den preußischen Truppen eingekreist, – zwei Tage nach einem für die Hannoveraner erfolgreichen Gefecht bei Langensalza – am 29. Juni 1866 kapitulieren; in Bayern rückten die Preußen in den Raum von Nürnberg vor. Die eigentliche Entscheidung im deutschen Bruderkrieg fiel dann am 3. Juli 1866 auf dem Hügelgelände zwischen Sadowa und Königgrätz. Die Österreicher wurden trotz der Tapferkeit ihrer Truppen von den besser bewaffneten und besser geführten Preußen vernichtend geschlagen: Am 8. Juli rückten die Preußen in Prag, am 12. Juli in Brünn ein; am 16. Juli 1866 standen sie nördlich der Donau, wenige Meilen vor Wien. Am 22. Juli wurde zwischen Preußen und Österreich zunächst eine fünftägige Waffenruhe vereinbart; schon am 26. Juli wurde in Nikolsburg ein Vorfrieden, am 23. August 1866 in Prag der endgültige Frieden geschlossen. Die süddeutschen Staaten hatten ihre Bevollmächtigten schon nach Nikolsburg gesandt, um Friedensverhandlungen zu führen; der Friedensschluß mit Bayern kam am 22. August 1866 zustande.

In Süddeutschland – einschließlich Österreichs – und in Sachsen kam es Bismarck nicht so sehr auf Gebietsgewinn als auf Machtgewinn, auf die Anerkennung der Vormachtstellung Preußens im gesamten deutschsprachigen Raum und auf die Isolierung des Vielvölkerstaats Österreich an. Am gleichen Tag schloß Bayern mit Preußen ein geheimes Schutz- und Trutzbündnis, mit dem Bayern sich verpflichtete, das bayrische Militärwesen dem des norddeutschen Bundes konform zu halten und im Kriegsfall den Oberbefehl über das bayrische Heer Preußen zu übertragen.

Sachsen, das auf der Seite Österreichs und des deutschen Bundes gegen Preußen gekämpft hatte, kam ohne Gebietsverlust davon; statt dessen mußte es einen Teil seiner Souveränität aufgeben: Preußen verlangte die Absetzung des – aus einem märkisch-brandenburgischen Geschlecht stammenden – Ministerpräsidenten Ferdinand von Beust, den Beitritt des Königreichs Sachsen zum Norddeutschen Bund und die Angleichung der sächsischen Armee an die preußische, der sie im Ernstfall unterstellt werden sollte.

Ganz anders war die Zielsetzung Preußens in Norddeutschland. Hier ging es nicht nur um Machtgewinn, sondern auch – und vor allem – um eine entscheidende Vergrößerung des preußischen Staatsgebiets. Während

Bayern nur einen kleinen Streifen Unterfrankens an Preußen abtreten mußte und die übrigen süddeutschen Gegner Preußens – einschließlich Österreichs – ohne nennenswerten Gebietsverlust davonkamen, wurden Hannover, Kurhessen, Nassau und die bisher reichsfreie Stadt Frankfurt von Preußen annektiert. Durch diese Gebietserweiterung, die am 14. September 1866 durch ein preußisches Gesetz endgültig abgesegnet wurde, wurden die bisher getrennten Teile Preußens im Osten und Westen territorial verbunden. Dem König von Hannover wurde – falls er ausdrücklich auf die hannoversche Königskrone verzichten würde – als »Trostpflaster« das Herzogtum Braunschweig in Aussicht gestellt; doch erst am 1. November 1913 konnte Prinz Ernst-August von Hannover – ohne ausdrücklichen Verzicht auf die hannoversche Königskrone – den Braunschweiger Thron besteigen.

So einschneidend für die betroffenen Staaten und die Bevölkerung – und so wichtig für Preußen – die genannten Bestimmungen des Friedensvertrags auch sein mochten, der eigentliche Kernpunkt und das hervorstechendste erreichte Kriegsziel Preußens im Krieg mit Österreich waren nicht die Veränderung der innerdeutschen Grenzen durch territoriale Erwerbungen Preußens, nicht der Untergang einiger deutscher Mittelstaaten, sondern die endgültige Lösung der deutschen Frage, wie sie der Friedensvertrag vorsah. Das Ende des Traums von einem Großdeutschen Reich, das Ende der romantischen Hoffnung auf ein Wiedererstehen eines alle Länder deutscher Sprache umschließenden »Sacrum Imperium Romanum« in der geographischen

Mitte Europas als dessen geistiger und politischer Mittelpunkt.
Österreich schied aus dem Deutschen Bund aus, der sich nach einer letzten Sitzung des Bundestags am 24. August 1866 auflöste; es erklärte sich mit der Gründung eines Norddeutschen Bundes unter preußischer Führung und eines geplanten, doch nie zustandegekommenen Süddeutschen Bundes ohne Beteiligung Österreichs einverstanden. Es verzichtete damit nicht nur auf die Führung in Deutschland, sondern auch auf die Zugehörigkeit zu Deutschland.
Während Bismarck als preußischer Ministerpräsident zielbewußt und politisch geschickt an den Fundamenten eines kleindeutschen Reiches unter Führung Preußens und unter Ausschluß Österreichs baute, war Österreich nach dem gegen Preußen verlorenen Krieg von 1866 außenpolitisch isoliert, innenpolitisch vor allem durch die sogenannte »ungarische Frage« zerrissen. Die über Italien errungenen Siege nützten ihm nichts; Venezien hatte es schon vor Kriegsbeginn an Italien abgetreten; jetzt mußte es – zusammen mit dem venezianischen Teil des Friauls – endgültig räumen.
Während des Krieges von 1866 war Richard Graf von Belcredi österreichischer Ministerpräsident. Er vertrat kämpferisch eine föderalistische Gliederung des Vielvölkerstaats und versuchte, einen »weiteren Reichsrat« für die Gesamtmonarchie durchzusetzen. Nachdem für Österreich unglücklichen Ausgang des Krieges mit Preußen mußte er jedoch das Amt des Ministerpräsidenten aufgeben, ohne seine föderalistischen Pläne verwirklicht zu haben. An seine Stelle trat – nur 14 Tage nach

seinem von Preußen erzwungenen Rücktritt als sächsischer Ministerpräsident – Ferdinand von Beust, der ein überzeugter Anhänger des »Dualismus« des Habsburgerreichs, also der Aufgliederung dieses Reichs in einen cisleithanischen Teil unter deutscher Führung und einem transleithanischen Teil unter ungarischer Herrschaft war. In Beratung mit dem ungarischen Staatsmann Ferencz Deák brachte Beust Ende 1867 einen »Ausgleich« Österreichs mit Ungarn zustande, der zunächst auf zehn Jahre abgeschlossen, dann aber immer wieder verlängert wurde. Dieser Beustsche Ausgleich bestätigte die Teilung der Donaumonarchie in zwei »Reichshälften« und legte die »gemeinsamen Angelegenheiten« Österreichs und Ungarns fest. Dazu gehörten zunächst Heer, Marine, Außenpolitik, die Verwaltung der »Okkupationsländer« und alle Fragen des für die Erledigung dieser Aufgabe notwendigen gemeinsamen Haushalts; ferner die Verwaltung des Salz- und Tabakmonopols, Stempel- und sonstige Taxgebühren, Musterschutz und Währungsfragen und die Kontrolle der gemeinsamen Staatsschuld. Zur Beratung und Beschlußfassung über diese »gemeinsamen Angelegenheiten« beider Reichshälften sollten Delegationen der ungarischen Magnaten- und Repräsentantentafel und des österreichischen Reichstags und Reichsrats abwechselnd in Pest und in Wien tagen. Von den beiden Reichshälften zu tragende finanzielle »Quoten« wurden jeweils für die Dauer des Ausgleichs festgelegt.

Kaiser Franz Joseph ließ sich noch während der Beratungen über den Ausgleich mit Ungarn am 8. Juni 1867 in Budapest zum König von Ungarn krönen und berief

für die westliche Reichshälfte einen Reichsrat mit zwei Kammern ein:
Im sogenannten Herrenhaus des Reichsrats waren die einzelnen »Kronländer« vertreten, die das Haus Habsburg im Lauf des Jahrhunderts westlich der Leitha erworben hatte; im Abgeordnetenhaus saßen in vier »Wahlkurien« Delegierte des Großgrundbesitzes, der Handels- und Gewerbekammern, die Stadt- und die Landgemeinden.
Nur allmählich setzten sich bei der Promulgation von Staatsgrundgesetzen und in der Schul- und Lehrergesetzgebung liberale Gedanken durch; gleichzeitig mit der Liberalisierung des Staatswesens, die Ungarn zunächst unberührt ließ, wuchs auch der Nationalitätenhader im Vielvölkerstaat. Zudem reizten die Erfolge der Ungarn die anderen nichtdeutschen Völkerschaften Österreichs. Im Zug der Liberalisierung wurde für Kärnten, Vorarlberg, die Steiermark, Niederösterreich und Mähren eine aus direkten Wahlen hervorgegangene Wählerklasse neben den oben genannten Wählerkurien eingeführt; das Land Galizien, wo der polnische Adel eine staatserhaltende Politik verfolgte, gewann im Lauf der 70er Jahre eine größere Selbständigkeit, die 1871 zur Schaffung eines »Landsmann-Ministeriums für Galizien« im österreichischen Kabinett führte. Die Tschechen andererseits hielten sich konstant vom Reichsrat fern; Kaiser Franz Joseph suchte vergeblich, sie durch die Errichtung einer tschechischen Universität in Prag neben der uralten deutschen Universität zu befriedigen. Als 1897 der österreichische Ministerpräsident Graf Kasimir Felix Badeni, Sproß eines alten polnischen Adelsgeschlechts –

der zunächst eine Änderung der Wahlordnung der zweiten Kammer im Sinn einer zögernden Demokratisierung und eine Steuerreform mit gleicher Tendenz erfolgreich durchgesetzt hatte – eine dem tschechischen Standpunkt Rechnung tragende Sprachenverordnung für Böhmen und Mähren erließ, kam es zu einer stürmischen Obstruktion des Reichstags durch die deutsch-liberalen Parteien; sie legte jede parlamentarische Tätigkeit lahm. Nach Straßentumulten in Wien mußte Kaiser Franz Joseph im November 1897 Badeni entlassen. Nach Badenis Rücktritt lösten sich die Ministerpräsidenten in Österreich in rascher Reihenfolge ab, ohne den Nationalitätenhader und den Sprachenstreit beilegen zu können. Bei dem wohlwollenden und ritterlichen Kaiser Franz Joseph gesellte sich zum Kummer über die innere Zerfahrenheit in beiden Reichshälften der Schmerz über Schicksalsschläge in der eigenen Familie: Der Bruder des Kaisers, Maximilian, der nach langem Schwanken am 12. Juni 1864 die Würde eines Kaisers von Mexiko angenommen hatte, wurde am 19. Juni 1867 von Aufständischen unter der Führung von Benito Juarez standrechtlich erschossen; die Schwägerin des Kaisers, die Ehefrau Maximilians, Charlotte von Belgien, verfiel infolge ihrer Enttäuschungen und Anstrengungen in unheilbaren Irrsinn. Franz Josephs einziger Sohn, der Kronprinz Rudolf, nahm sich 1889 unter nicht ganz geklärten Umständen das Leben. Franz Josephs schöne, aber exzentrische Frau, die Wittelsbacherin Elisabeth, die in ihren letzten Lebensjahren ein fast menschenscheues unruhiges Leben geführt hatte, wurde am 10. September 1898 in Genf von einem italienischen Anarchisten ermordet. Nach dem Tod des Kronprinzen und dem Thronverzicht des Erzherzogs Karl Ludwig von Österreich-Este wurde Erzherzog Franz Ferdinand nach dem Hausgesetz Franz Josephs Thronfolger; er stand durch seine tschechische Frau, die Gräfin Sophie Chotek, zum Ärger des Kaisers den Kreisen nahe, die den slawischen Völkern den gleichen Status wie den Ungarn einräumten, also gewissermaßen einen Drei-Nationen-Staat schaffen wollten. Trotz dieser proslawischen Einstellung fiel er am 18. Juni 1914 bei einem Besuch in Bosnien, das zusammen mit der Herzegowina 1875 auf dem Berliner Kongreß unter Wahrung der Souveränität des Sultans unter österreichische Verwaltung gestellt und 1908 von Österreich annektiert worden war, in Sarajewo zusammen mit seiner Frau dem Attentat eines serbischen Fanatikers zum Opfer.

Im Alter wurde Kaiser Franz Joseph immer mehr zur Symbolfigur des Vielvölkerstaates, dessen Kronen er trug, und zum Repräsentanten der »völkerverbindenden, übernationalen und antinationalistischen Funktion« der monarchischen Staatsform; mit ihm stand und fiel das alte Österreich. Hilde Spiel erzählt in einem lesenswerten Aufsatz in der »Frankfurter Allgemeinen Zeitung« vom 2. April 1989 von einem Geständnis des ersten Präsidenten der ersten Republik Österreich, Karl Renner, seiner Tochter gegenüber: »Hätte der alte Kaiser 1918 noch gelebt, dann hätten wir uns nicht getraut, die Republik auszurufen.«

Kaiser Franz Joseph war zu Ende seines Lebens – so stellt Hilde Spiel fest – »ein politische, ethnische und sprachliche Gegensätze ausgleichendes und überwindendes Symbol« geworden, Symbol eines Vielvölkerstaates, der es bis zu seinem endgültigen Auseinanderfall nicht zu einer gemeinsamen, für beide »Reichshälften« geltenden Verfassung gebracht hatte – gleichzeitig aber auch Symbol einer leidvollen geschichtlichen Entwicklung Mitteleuropas, die mit dem 6. August 1806 – also 24 Jahre vor Franz Josephs Geburt – begonnen hatte.

Ein Symbol ist der sinnlich-sichtbare Ausdruck einer Idee, die sich in menschlichem Handeln verwirklicht. Mit dem Wegfall des Symbols verblaßt und vergeht auch die von ihm greifbar und begreifbar dargestellte Idee. Auch ein einzelner Mensch kann als Persönlichkeit Symbol einer Idee sein: mit seinem Tod jedoch erlischt das Symbol; es ist ein nichtvererblicher Wert.

3. KAPITEL

Die Perversion der Reichsidee

Das Ziel, das sich der König von Preußen und sein genialer Ministerpräsident Bismarck 1866 gesetzt hatten, war nicht nur – rein negativ – die Beendigung einer österreichischen Vormachtstellung welcher Art immer im politischen Raum des deutschen Volkes für alle Zeiten; der preußische König und sein Ministerpräsident wollten von Anfang an – positiv – an die Stelle des morbiden Deutschen Bundes ein neues Deutschland unter preußischer Führung und unter Ausschluß Österreichs schaffen, ein Reich, in dem ein zum Bruderzwist führender Dualismus des Führungsanspruchs – geschweige denn eine Dreiteilung der politischen Macht, wie sie die bayerische »Trias-Idee« vorsah – nicht mehr möglich war. Dieser Bismarcksche Reichsgedanke verwirklichte sich zunächst im »Norddeutschen Bund«, der Deutschland nördlich der sogenannten »Mainlinie« und das Königreich Sachsen unter preußischer Führung vereinte; ein aus allgemeinen, gleichen, direkten und geheimen Wahlen hervorgegangener konstituierender »Reichstag« beschloß am 1. Juli 1867 eine »Bundesverfassung«, die deutlich die Handschrift des großen Preußen Bismarck trug. Der König von Preußen vertrat nach dieser Verfassung den »Norddeutschen Bund« nach außen mit dem Recht, für den Bund Krieg zu erklären, Frieden, Verträge und Bündnisse zu schließen; ihm stand der Oberbefehl über Heer und Flotte des Bundes zu. Er hatte das Recht, den Bundeskanzler, der den Vorsitz im Bundesrat führte und jeweils gleichzeitig preußischer Ministerpräsident war, zu ernennen. Nach preußischem Muster wurde für das ganze Bundesgebiet die allgemeine Wehrpflicht eingeführt.

Das Recht der Gesetzgebung stand dem Reichstag als der Vertretung des im Norddeutschen Bund vereinten Volkes, beziehungsweise Teilvolk zu; er konnte es nur im Zusammenwirken mit dem Bundesrat als der Vertretung der Länder, in der Preußen ein Drittel der Stimmen besaß, ausüben. Die Außenpolitik, das Heerwesen, die Gestaltung und Führung der Kriegsmarine, das Zoll-, Post- und Telegraphenwesen fielen in die ausschließliche Zuständigkeit des Bundes. Darüber hinaus besaß der Bund ein weitgehendes, konkurrierendes Gesetzgebungsrecht. Die Landesgesetze galten, solange der Bund nicht das Gesetzgebungsrecht an sich zog. Durch Bundesgesetze wurden eine gemeinsame Gewerbeordnung, ein gemeinsames Strafgesetz und eine gemeinsame Maß- und Gewichtsordnung geschaffen; Bundesgesetze hoben die Schuldhaft auf und regelten Freizügigkeit und Gewerbefreiheit.

Die süddeutschen Mittelstaaten suchte Bismarck mit dem Norddeutschen Bund zunächst durch eine Erneuerung und den Ausbau des »Deutschen Zollvereins« von 1834 zu verbinden, dem sich Österreich seinerzeit nicht angeschlossen gehabt hatte. Dieser Zollverein erhielt jetzt als Organe ein aus allgemeinen, direkten Wahlen hervorgegangenes Zollparlament, das dreimal – jeweils in Berlin – zusammentrat, und einen Zollbundesrat als ständige Vertretung der im Zollverein zusammengeschlossenen Staaten; im Zollbundesrat wurde Preußen ein Veto-Recht zuerkannt.

Zunächst geheimgehaltene Schutz- und Trutzbündnisse Preußens mit den süddeutschen Mittelstaaten sicherte das Zusammengehen aller deutschen Staaten – Österreich wieder ausgenommen – im Fall eines französischen Angriffs über den Rhein und gegen Preußen. Obwohl Preußen mit Frankreich bis 1866 außenpolitisch eng zusammen gearbeitet hatte, sah Napoleon III. und mit ihm die Mehrheit des französischen Volks den preußischen Sieg über Österreich und die ihm folgende Anlehnung der süddeutschen Mittelstaaten an Preußen nur ungern; die französische Öffentlichkeit forderte lauthals »Rache für Sadowa«. Als »Ausgleich« für die Gebiets- und Machterweiterung Preußens nach dem Sieg über Österreich und die verbündeten deutschen Mittelstaaten hatte Napoleon III. 1867 zunächst an eine Einverleibung Belgiens und Luxemburgs in das französische Kaiserreich gedacht. Nach Bismarcks entschiedenem Einspruch gegen diese französischen Pläne wäre es fast zu einer bewaffneten Auseinandersetzung zwischen Frankreich und Preußen gekommen; auch Österreich und die deutschen Mittelstaaten protestierten gegen Napoleons Pläne. Auf einer europäischen Gesandtenkonferenz in London kam es schließlich am 11. Mai 1867 zu einem Ausgleich: Der selbständige Fortbestand Belgiens und Luxemburgs wurde von den europäischen Mächten garantiert und die dauernde Neutralität für Belgien bestätigt, für Luxemburg festgelegt. Luxemburg verblieb im deutschen Zollverein; die deutsche Bundesfestung Luxemburgs hingegen wurde, da es den Deutschen Bund nicht mehr gab, geschleift.

Nur drei Jahre später kam es erneut zu einer Auseinandersetzung zwischen Frankreich und Preußen. Der Erbprinz Leopold von Hohenzollern, ein Enkel der Stephanie de Beauharnais, einer Adoptivtochter Napoleons I., und ein jüngerer Bruder des 1866 auf den Thron berufenen Fürsten Karl von Rumänien – familiengeschichtlich gleicher Herkunft wie der König von Preußen, aber mit ihm kaum mehr verwandt – erhielt von der spanischen Regierung Serrano den spanischen Königsthron angeboten, der nach der Niederlage der Königin Isabella an der Brücke von Alkolêa am 28. September 1868 und ihrer Flucht nach Frankreich verwaist war. Auf Anraten seines Vaters lehnte der Erbprinz von Hohenzollern jedoch die spanische Krone, die ihm schon ein Jahr zuvor angeboten und von ihm zurückgewiesen worden war, wiederum ab. Er hatte erkannt, daß die Annahme des spanischen Angebots von dem Außenminister Napoleons III., dem Herzog von Gramont, und den hinter ihm stehenden Bonapartisten als eine Gefährdung des europäischen Gleichgewichts betrachtet werden würde. Der spanische Botschafter in Paris teilte Napoleon III. die Ablehnung der spanischen Krone durch den Hohenzollernprinzen am 12. Juli 1870 mit. Napoleon III. schien mit dieser Lösung zufrieden und ließ in der französischen Kammer den Zwischenfall für erledigt erklären.

Gramont teilte die Auffassung seines Kaisers nicht. Er

forderte König Wilhelm I. von Preußen auf dem diplomatischen Weg – über den preußischen Gesandten in Paris, den Freiherrn Karl von Werther, und über den französischen Gesandten in Berlin, den Grafen Giovanni Benedetti – am 13. Juli 1870 auf, er möge versichern, daß er auch in Zukunft niemals seine Zustimmung zu einer solchen Kandidatur geben werde. Werther gab die Forderung Gramonts an die preußische Regierung weiter; Benedetti trug sie dem zur Kur in Bad Ems weilenden König von Preußen mündlich vor. Werther wie Benedetti erfüllten damit einwandfrei ihre Pflicht als Diplomaten.

König Wilhelm I. von Preußen lehnte Gramonts Zumutung ab und wies Benedetti auf seine frühere Erklärung hin, der er nichts hinzuzufügen habe; gleichzeitig wies er Bismarck an, die Forderung Gramonts und ihre Zurückweisung bekanntzugeben.

Bismarck kam diesem Auftrag nach, gab allerdings der Antwort des Königs durch Verkürzung ihres Inhalts eine wesentlich schärfere Form; in dieser Form wurde dann die Mitteilung des Königs an seinen Ministerpräsidenten veröffentlicht und in dieser Form ging sie als »Emser Depesche« in die Geschichte ein. Moltke, der Chef des Großen Generalstabs der preußischen Armee, faßte sein Urteil über den ursprünglichen Entwurf und den von Bismarck veröffentlichten Text des königlichen Telegramms in der Bemerkung zusammen: Erst klang es wie eine Chamade, das heißt wie eine Aufforderung zu weiteren Verhandlungen; jetzt klingt es wie eine Fanfare, d. h. wie ein Ruf zu den Waffen.

Der veröffentlichte Wortlaut des Telegramms des Königs von Preußen wirkte auf die öffentliche Meinung Frankreichs wie ein rotes Tuch auf den Stier; die Ereignisse überstürzten sich. Beiderseits des Rheins diktierten nationale Emotionen das politische Handeln.

Am 16. Juli 1870 stimmten der französische Senat und die gesetzgebende Körperschaft Frankreichs jeweils mit Mehrheit für eine Kriegserklärung an Preußen; sie wurde am 19. Juni 1870 übergeben. Gramont – und mit ihm sein Kaiser – mochten im stillen auf die Neutralität der süddeutschen Staaten und vielleicht sogar auf ein Eingreifen Österreichs an der Seite Frankreichs gehofft haben; die nationale Empörung des gesamten deutschen Volks und seine Einmütigkeit überraschten.

Am 16. Juli 1870 wurde die Mobilmachung der Truppen des Norddeutschen Bundes befohlen. Auf Grund der oben erwähnten geheimen Bündnisverträge mit Preußen ordneten auch die Süddeutschen Staaten die Mobilmachung an. Österreich blieb neutral: Es war durch die Auseinandersetzung mit Ungarn und durch die beginnenden Wirren am Balkan politisch weitgehend gebunden.

Am 26. Juli 1870 waren die deutschen Verbände unter preußischer Führung in den befohlenen Räumen einsatzbereit. Wilhelm I. übernahm am 31. Juli 1870 die Führung der verbündeten deutschen Truppen. Napoleon III. hatte schon am 23. Juli 1870 die Regentschaft in Frankreich der Kaiserin Eugenie übertragen und in Metz den Oberbefehl über die französischen Truppen übernommen.

In Bayern stieß der Gedanke der Gründung eines deutschen Bundesstaates unter preußischer Führung unter

Ausschluß Österreichs, wie Bismarck ihn anstrebte, bei einem Teil der Bevölkerung auf Ablehnung. Die bayerischen Kammern hatten zwar Anfang November 1867 die preußischen Vorschläge auf Eintritt Bayerns in das Zollparlament angenommen; doch seither verstärkte sich vor allem in Altbayern – das heißt südlich der Donau – der Widerstand gegen den Gedanken eines von Preußen geführten deutschen Staates, von dem Österreich ausgeschlossen bleiben sollte.

Bei den Wahlen ins Zollparlament und in die bayerische Abgeordnetenkammer trugen die kirchlich und »großdeutsch«, das heißt pro-österreichisch gesinnten »Patrioten« den Sieg davon: Sie stürzten am 7. März 1870 den »kleindeutsch« eingestellten Ministerpräsidenten Fürst von Hohenlohe; an seine Stelle trat der kompromißbereite bayerische Diplomat Otto Graf von Bray-Steinburg. König Ludwig II. von Bayern hatte sich seit seiner Thronbesteigung offen als Liberaler und als Gegner der konservativen Mehrheit der zweiten Kammer Bayerns bekannt. Er machte sich zum Sprecher der deutschen Fürsten, als er Wilhelm I. von Preußen die Kaiserkrone anbot, nahm jedoch andererseits, was seine Person anbetraf, an dem Krieg gegen Frankreich, in dem die bayerischen Truppen unter dem Oberbefehl des Königs von Preußen kämpften, nicht teil. Hingegen verlangte er für seine Person bei Kriegsende eine Beteiligung an der von Frankreich zu leistenden Kriegsentschädigung.

Auf die französische Kriegserklärung an Preußen hin erachtete der bayerische Ministerpräsident den Bündnisfall für gegeben und forderte von den Kammern die Bewilligung eines Kriegskredits. Der zuständige Ausschuß der Abgeordnetenkammer trat für eine Verweigerung dieses Kredits und für die Neutralität Bayerns in der preußisch-französischen Auseinandersetzung ein; das Plenum der bayerischen Abgeordnetenkammer bewilligte mit Mehrheit die Forderung der Regierung. Treu den mit Preußen abgeschlossenen Verträgen erklärte die bayerische Regierung Frankreich den Krieg; zwei bayerische Armeekorps fochten in der Armee des preußischen Kronprinzen an der Seite Preußens.

Die Deutschen Verbände zeigten sich von Anfang an führungsmäßig der französischen Armee überlegen; die gemeinsam errungenen militärischen Erfolge schweißten die Truppen der Deutschen Staaten zu einer geschlossenen Einheit zusammen. Diese Tatsache nutzte Bismarck, um aus dem militärischen Bündnis einen politischen Verband zu schaffen. Schon am 15. November 1870 hatten sich Baden und Hessen durch Verträge mit dem Norddeutschen Bund vereint; am 23. und 25. November 1870 schlossen sich die Süddeutschen Königreiche ihm an. Am 2. Dezember 1870 richtete König Ludwig II. von Bayern nach einem ihm von Bismarck vorgeschlagenen Entwurf ein Schreiben an König Wilhelm von Preußen, indem er ihm im Namen der deutschen Fürsten und freien Städte die deutsche Kaiserkrone anbot. Der bayerische König sprach dabei bewußt von einem deutschen Kaiser, nicht von einem Kaiser von Deutschland.

Das Schreiben Ludwigs II. an den preußischen König vom 2. Dezember 1870 war nur eine Grundsatzerklärung; die Stellung Bayerns in einem von Preußen geführten Bundesstaat, von dem Österreich ausgeschlossen bleiben sollte, mußte noch in zum Teil mühsamen Verhandlungen geklärt werden. Sie wurden von preußischer Seite durch den Staatsminister ohne Portefeuille Rudolf von Delbrück, von bayerischer Seite durch den Ministerpräsidenten Otto von Bray und den Justizminister Johann von Lutz geführt. Als Bismarck den Verbündeten Preußens vorschlug, am 18. Januar 1871 durch Bayern als dem nach Preußen zweitgrößten Staat im Bündnis den König von Preußen im alten französischen Königsschloß von Versailles zum Kaiser ausrufen zu lassen, waren die Verhandlungen über die Form des geplanten Bundesstaates noch nicht beendet. Ludwig II. von Bayern lehnte deshalb – und weil er es als Geschmacklosigkeit empfand, die deutsche Kaiserproklamation in einem französischen Königsschloß durchzuführen – seine persönliche Teilnahme an dem feierlichen Akt ab. Er beauftragte seinen Onkel, den Prinzen Luitpold von Bayern, der schon den bayerischen Antrag auf Annahme des Kaisertitels dem König von Preußen überreicht hatte, mit seiner Vertretung bei der Kaiserproklamation im Spiegelsaal von Versailles am 18. Januar 1871.

Erst drei Tage nach der Kaiserproklamation in Versailles genehmigte die bayerische Abgeordnetenkammer nach heftigen Debatten mit Mehrheit den Beitritt Bayerns zum neuen »Deutschen Reich« unter preußischer Führung. Bayern behielt sich im neuen Reich eine Reihe von sogenannten »Reservatrechten« vor, deren wichtigste der Oberbefehl des Königs über die bayerische Armee in Friedenszeiten, ein selbständiges, wenn auch beschränktes Recht zum Abschluß von Verträgen mit außerdeutschen Staaten, das Recht auf ein eigenes Post-

und Telegrafenwesen und auf eigene Eisenbahnen, ein eigenes Heimat- und Niederlassungsrecht, der stellvertretende Vorsitz im Bundesrat und – last not least – Autonomie für das Bier- und Branntweinsteuerrecht waren. Im Verhältnis zu den Bayern zugestandenen Sonderrechten spielten die Württemberg gewährten Reservatrechte keine Rolle.

Die von der kriegsgeschichtlichen Abteilung des preußischen Großen Generalstabs herausgegebene Geschichte des »deutsch-französischen Kriegs 1870–1871« spricht davon, daß »an dem für Preußen erinnerungsreichen 18. Januar 1871 die Einheit der Deutschen Nation unter Kaiser Wilhelm feierlich verkündet« worden sei. In dem Armeebefehl, durch den der neu erwählte Kaiser »dieses Ereignis der Armee kundtat«, spricht er davon, daß er »im Einverständnis mit allen deutschen Fürsten und unter Zustimmung aller deutschen Völker« die Stellung eines deutschen Kaisers annehme.

Diese vermutlich von Bismarck stammende Formulierung schließt den deutschen Volksteil des Vielvölkerstaates Österreich und mit ihm den österreichischen Kaiser, der sich bis zu seinem Tod als Deutscher gefühlt und wiederholt auch als solcher bekannt hat, aus den Reihen der deutschen Stämme – bzw. der deutschen Fürsten – aus. Wenn der letzte Kaiser von Österreich, Karl, sich tatsächlich, wie ihm von Historikern und Politikern – meines Erachtens zu Unrecht – vorgeworfen wird, nicht als deutscher Monarch gefühlt hat, so hat er dies im Geist der Proklamation Kaiser Wilhelms I. vom 18. Januar 1871 getan. Diese Proklamation schließt implizite ihrem Wortlaut nach den Kaiser von Österreich aus den

Reihen der »Deutschen Fürsten« und die deutschsprachige Bevölkerung Österreichs aus der Reihe der »Deutschen Völker« aus. Nach der Gefangennahme Napoleons III. war der Krieg für Frankreich offensichtlich verloren; trotzdem setzten französische Truppen – die Masse von ihnen in neu aufgestellten, mangelhaft ausgebildeten und ausgerüsteten Verbänden – die Kämpfe um Paris, das einer Belagerung von 131 Tagen und einem Bombardement von fast einem Monat standhielt, sowie im Osten und im Süden Frankreichs in zähem, aber vergeblichem Widerstand fort; eine einheitliche militärische Führung fehlte weitgehend. In den noch nicht von deutschen Truppen besetzten Gebieten schwang sich ein Rechtsanwalt genuesischer Abstammung, Leon Gambetta, der am 8. Oktober 1870 in einem Luftballon aus dem belagerten Paris entwichen war, zum nahezu diktatorischen Führer auf.

Am 26. Januar 1871 ergab sich schließlich Paris. Zur Aufrechterhaltung der Ordnung in der Hauptstadt behielten die Nationalgarde und eine Ordnungstruppe von 12 000 Mann ihre Waffen. Die Zufahrtswege nach Paris wurden für die Versorgung der Zivilbevölkerung freigegeben.

Am 28. Januar 1871 kam es dann zu einem auf 21 Tage befristeten allgemeinen Waffenstillstand, von dem allerdings die Departments Doubs, Jura und Côte d'Or sowie die Festung Belfort ausgeschlossen blieben, sodaß in diesem Raum die Kampfhandlungen weiterliefen.

Aufgrund des genannten Waffenstillstands wurden die Befestigungsanlagen von Paris den deutschen Truppen übergeben; ein Einmarsch deutscher Truppen in die Innenstadt von Paris wurde jedoch ausgeschlossen. Die Not und der noch in den Gliedern der Pariser steckende Schrecken der Belagerung und die von Jules Favre erkämpfte und im Waffenstillstandsvertrag vom 28. Januar 1871 festgelegte Nichtentwaffnung der nur für den Einsatz im Innern bestimmten, mit Masse links orientierten Nationalgarde, erleichterten es kommunistischen, linksradikalen Agitatoren, vorübergehend die Macht in Paris an sich zu reißen. Dort wirkte seit dem 17. Februar 1871 Adolphe Thiers als Chef der Exekutivgewalt; das Außenministerium hatte Jules Favre – wie Thiers ein Gegner der napoleonischen Monarchie – übernommen. Jules Favre hatte schon am 19. und 20. September 1870 in Perrières über einen Friedensschluß verhandelt – erfolglos, weil er auf dem Grundsatz beharrt hatte, keinen Zoll französischen Landes und keinen Stein der französischen Festungen den Preußen und ihren Verbündeten abzutreten.

So schnell und plötzlich der deutsch-französische Krieg ausgebrochen war, so langsam und zögernd schleppten sich die Friedensverhandlungen dahin. Ich zitiere aus der Darstellung des deutsch-französischen Kriegs 1870–1871 durch den preußischen großen Generalstab: »Der Vertrag vom 28. Januar 1871 war mit den in Paris befindlichen Mitgliedern der Regierung der nationalen Verteidigung abgeschlossen worden, während die in Bordeaux tagende Delegation, welcher bislang die Leitung des Krieges in den Provinzen obgelegen, jenem Abkommen zunächst ferngestanden hatte. Wenn auch die Mehrheit des französischen Volkes dem Frieden zuneigte und von der Nutzlosigkeit eines ferneren Widerstandes überzeugt sein mochte, so erschien es doch fraglich, ob die Kriegspartei den Waffenstillstand anerkennen und später die zu wählende Nationalvertretung den Seitens des Siegers gestellten Friedensbedingungen zustimmen werde.«

Am 12. Februar 1871 war in Bordeaux die französische Nationalversammlung zusammengetreten; am 15. Februar wurde der Waffenstillstand bis zum 24. Februar mittags verlängert. Am 19. Februar erklärte der von der Nationalversammlung zum Chef der Exekutivgewalt gewählte Adolphe Thiers den Abgeordneten, daß er entschlossen sei, »mit allen Mitteln die Beendigung des aussichtslos gewordenen Krieges anzustreben«; noch am gleichen Tag begab er sich in Begleitung Jules Favres nach Paris, »um demnächst in Versailles die Friedensverhandlungen aufzunehmen. Da trotz dieses günstigen Anzeichens«, so lesen wir in der Darstellung des Krieges von 1870 und 1871 durch die kriegsgeschichtliche Abteilung des preußischen Großen Generalstabes, »eine Verlängerung des Waffenstillstands über den 24. Februar nicht mit voller Sicherheit anzunehmen war, beauftragte General Graf von Moltke am 20. Februar die Oberkommandos, sofort alle Bewegungen zur Ausführung zu bringen, welche für die Sicherung nötig seien, den eigenen Angriff aber erst auf ausdrücklichen Befehl zu beginnen«. Mittlerweile erfolgte am 21. Februar 1871 eine abermalige Verlängerung des Waffenstillstandes bis zum 26. Februar um Mitternacht.

In Paris drohte eine Hungersnot; dies und der den Parisern noch in den Gliedern steckende Schrecken der Belagerung – sowie die Tatsache, daß die weitgehend linksorientierte Nationalgarde noch voll bewaffnet war – führte in der ersten Märzhälfte 1871 zu Unruhen. Als Thiers am 18. März 1871 versuchte, der Nationalgarde zumindest ihre Geschütze wegnehmen zu lassen, kam es zur offenen Revolte. Paris war der Herrschaft der Nationalgarde ausgeliefert. Zwei Generale der aktiven Armee wurden erschossen, der Erzbischof von Paris und andere sogenannte »Geiseln« ermordet. Die Trikolore wurde durch die rote Fahne ersetzt; das Programm einer kommunistischen Verfassung und der Aufteilung des Staats in verbündete Gemeinderepubliken wurde verkündet, am 26. März ein Gemeinderat, die sogenannte Commune, gewählt. Unter Führung des Generals Gallifet warfen schließlich Teile der Armee, die von der Kapitulation nicht berührt worden waren, den Aufstand der Linken nieder. Den Communards wurden ihre Terrorakte vervielfacht heimgezahlt.

»Der Aufstand der Commune ... hatte«, so stellt Emil Franzel fest, »auch für die weitere deutsche Entwicklung seine Bedeutung. Die Militärs und Diplomaten meinten im Kommunismus und Sozialismus eine unmittelbare Gefahr nicht nur für Frankreich, sondern für ganz Europa erkannt zu haben. Moltke schrieb, nun werde der Kommunismus wohl für alle Staaten das entscheidende Problem sein. Die erste sozialistische Internationale, die bald darauf in Brüche ging, hinterließ als Vermächtnis den Mythos der Pariser Commune.«

Während in Paris schon die ersten Zeichen der Unzufriedenheit der Bevölkerung sichtbar wurden, wurde am 26. Februar in Versailles ein Präliminarfrieden von Bismarck, Thiers und Jules Favre abgeschlossen. Am

10. Mai 1871 kam es dann in Frankfurt/Main zum endgültigen Friedensschluß. Frankreich mußte das Elsaß mit Ausschluß Belforts und Lothringen östlich der Vogesen, doch mit Einschluß des Verteidigungsbezirks von Metz an das neugegründete Deutsche Reich abtreten und 5 Milliarden Franken Kriegsentschädigung zahlen. Während Straßburg seit dem frühen Mittelalter als Reichsbistum zum alten Deutschen Reich gehörte und zum ersten Mal erst 1681 unter französische Herrschaft kam, wurde Metz schon 1552 durch Verrat französisch. Vauban machte es zu einer bedeutenden französischen Festung.

Nach der Annexion wurde das Elsaß und Lothringen in einer am 1. Juni 1874 in Kraft getretenen, jedoch schon am 9. Juni 1871 proklamierten Verfassung, die später mehrfach in Einzelheiten geändert wurde, als Reichsland zu einem einheitlichen Staatswesen zusammengeschlossen. Träger der Staatsgewalt wurde als deutscher Kaiser der König von Preußen, der in der Gesetzgebung an die Zustimmung des Bundesrats und des Reichstages gebunden war; ständiger Stellvertreter des Landesherrn war ein kaiserlicher Statthalter, dem ein verantwortlicher Staatssekretär als Leiter des Ministeriums sowie ein Staatsrat, bestehend aus 15 Mitgliedern, zur Seite stand. In den Reichstag konnte Elsaß-Lothringen 15 Abgeordnete entsenden, im Bundesrat hingegen hatten die beiden elsaß-lothringischen »Kommissäre« nur eine beratende Stellung.

Die Mehrheit der Bevölkerung von Elsaß-Lothringen sprach zwar Deutsch, dachte jedoch weitgehend französisch. Der Frankfurter Frieden vom 10. Mai 1871 sah für die Bevölkerung Elsaß-Lothringen die Möglichkeit einer Option für Frankreich vor; bis zum 1. Oktober 1872 optierten über 10 Prozent der Bevölkerung von Elsaß-Lothringen, darunter fast die ganzen wohlhabenden Schichten, für Frankreich. Bei den ersten Reichstagswahlen, an denen Elsaß-Lothringen teilnahm, protestierten 15 Abgeordnete aus Elsaß-Lothringen am 18. Februar 1874 gegen die Einverleibung ihres Landes in das neue Deutsche Reich; sie blieben in der Folge den Sitzungen des Reichstages in der ersten Legislaturperiode fern.

Zu Beginn des 20. Jahrhunderts flaute die antideutsche, frankophile Stimmung im Reichsland Elsaß-Lothringen etwas ab; trotzdem dürfte die Mehrheit der Bevölkerung die Rückkehr zu Frankreich 1918 begrüßt haben.

Für den Elsässer und Lothringer war die Vereinigung mit dem Reich gleichbedeutend mit einer Unterwerfung unter preußische Herrschaft; die Art der einsetzenden Germanisierung, die Schlechterstellung des »Reichslandes« im Vergleich mit den deutschen Bundesstaaten, die Einführung des Schulzwangs und der deutschen Unterrichtssprache, die allgemeine Wehrpflicht in einem von preußischen Offizieren geführten, von preußischem Geist geleiteten Heer, das Vordringen preußischer protestantischer Beamter, die Unterdrückung einer unabhängigen Presse, die weitgehend fehlende Mitwirkung der Bevölkerung bei der Schaffung der nur für das »Reichsland« geltenden Normen erwarben der preußisch-deutschen Verwaltung kein Vertrauen.

Für Bismarck spielte das »Reichsland« Elsaß-Lothringen eine ähnliche Rolle, wie sie in früheren Jahrhunderten Vorderösterreich für Österreichs Staatsmänner gespielt hatte oder zumindest hätte spielen können: Für Österreich bedeutete Vorderösterreich eine Verankerung im Westen und damit eine Klammer, die das im Osten gelegene Österreich über Süddeutschland hinweg mit dem Westen des Reiches verband; für Preußen sollte – so scheint es zumindest – Elsaß-Lothringen nach Bismarcks Willen eine ähnliche Funktion erfüllen, indem es Preußen fest mit der Südwestecke des Reiches verband. Daß Elsaß-Lothringen diese Funktion nicht – oder zumindest höchst unvollkommen – erfüllte, war nicht Bismarcks Schuld, sondern die Folge eines »nurpreußischen« Denkens der Bürokratie, die dem Gedankenflug Bismarcks zu folgen nicht imstande war.

Während Bismarcks Ziele in Elsaß-Lothringen nicht erreicht wurden, hatte die Annexion Elsaß-Lothringens die von Bismarck nicht gewollte Folge einer dauernden Entfremdung zwischen dem neuen Deutschen Reich und seinem westlichen Nachbarn Frankreich. Diese erst 1870 entstandene »Erbfeindschaft« zwischen den beiden Nachbarstaaten Frankreich und Deutschland bestimmte im letzten Viertel des 19. und in den ersten Jahrzehnten des 20. Jahrhunderts weitgehend das politische Denken in Europa.

Erst der endgültige Verzicht nicht nur der Regierung der Bundesrepublik Deutschland, sondern auch nahezu der Gesamtheit der Bevölkerung sowohl in der Bundesrepublik als auch im gesamten deutschen Sprachgebiet ermöglichte nach dem Zweiten Weltkrieg die Aussöhnung zwischen Frankreich und Deutschland und die enge Zusammenarbeit zwischen der Bundesrepublik Deutschland und der Republik Frankreich. Unter Wahrung ihrer Eigenständigkeit arbeiten Frankreich und Deutschland gemeinsam am Bau eines vereinten Europas, das als Weltmacht gleichberechtigt mit den Vereinigten Staaten von Amerika – zumindest als Zukunftsvision – für das kommende 21. Jahrhundert erscheint.

Nicht nur an seiner Westgrenze hatte das neue Deutsche Reich mit einem feindlichen Nachbarn zu rechnen; auch an der Ostgrenze des Reichs häuften sich die Probleme. Auf dem Wiener Kongreß hatte Preußen weite Gebietsteile Westpolens erhalten. In diesen Gebieten verstärkten sich in den letzten Jahrzehnten des 19. Jahrhunderts die nationalen Gegensätze: die Polenpartei, die 1893 mit 19 Abgeordneten – das waren fast 5% des Plenums – im Reichstag vertreten war, hatte es sich zur Aufgabe gesetzt, die Rechte des polnischen Volkes im preußischen Staat zu schützen; sie verlangte die Zulassung der polnischen Sprache in den Schulen, im Gerichtswesen und bei den Behörden.

Das neue Deutsche Reich übernahm weitgehend die Verfassung des norddeutschen Bundes. Das Deutsche Reich wurde in der Verfassung vom 16. April 1871 als Bundesstaat besonderer Art entworfen, den nach außen – wie andere Bundesstaaten – die Gemeinsamkeit des Schutzes und der Vertretung kennzeichnete, nach innen die Gleichmäßigkeit der Gesetzgebung und Verwaltung auf den dem Reich zugewiesenen Sachgebieten. Träger der Reichssouveränität war die Gesamtheit der verbündeten Regierungen. Darüber hinaus war – im Unterschied zu anderen Bundesstaaten – kennzeichnend für die neue Reichsverfassung die Personalunion zwischen

dem Reich und Preußen, nicht nur was das Staatsoberhaupt, sondern auch was die Persönlichkeit an der Spitze der Regierung anlangte, das heißt im konkreten Fall: Bismarck war – wie seine Nachfolger – gleichzeitig Reichskanzler und preußischer Ministerpräsident. Diese Personalunion ergab sich keineswegs notwendig aus dem Wesen des Bundesstaates; sie ist in der Geschichte einmalig und kennzeichnend für das Bismarck-Reich. Alle anderen föderativ gegliederten Staatswesen des 19. und 20. Jahrhunderts kannten und kennen auch heute eine solche Personalunion nicht. Die übrigen Regierungsmitglieder, die in Preußen die Bezeichnung Staatsminister weiterführten, im Reich jedoch den Titel Staatssekretär trugen, wurden von der Personalunion an der Spitze nicht mehr erfaßt.
Diese einmalige Konstruktion eines Bundesstaats war ihrem ganzen Inhalt nach auf die starken Persönlichkeiten König Wilhelms I. von Preußen und seines Reichskanzlers und genialen Beraters, des Fürsten Otto v. Bismarck, einem Politiker von einmaliger Klarsicht, Zielstrebigkeit und Tatkraft, abgestellt. Bismarck fühlte sich bis zu seinem Tod in erster Linie als Preuße; für ein großdeutsches Denken, das auch Österreich als einen Teil Deutschlands erfaßte, hatte er kein Verständnis. 1865 trieb er auf den Bruch mit Österreich hin, bestimmte Italien zu einem Bündnis, in dem Preußen freie Hand behielt, und brachte es fertig, Österreich formell ins Unrecht zu setzen. Als 1866 die Entscheidung im Bürgerkrieg zwischen Preußen und den süddeutschen Staaten gefallen war, setzte er in schwerem Kampf mit seinem König einen Friedensschluß durch, der – wie er

glaubte – ein dauerhaftes Fundament für die Neugestaltung Deutschlands unter preußischer Führung bot; gegen die 1870 heranrückende Gefahr eines Krieges mit Frankreich suchte Bismarck Rückendeckung in Rußland.

Die Annahme des Titels »Reich« durch den von Preußen geführten Bundesstaat stieß vor allem außerhalb Deutschlands zunächst auf Verwunderung, da man bisher unter »Reich« ein übernationales Gebilde, einen »Vielvölkerstaat« verstanden hatte. Bald gewöhnte sich jedoch Europa – und mit ihm die Welt – an die Usurpation der Bezeichnung »Reich« für den von Bismarck geschaffenen deutschen Bundesstaat, während der Vielvölkerstaat Österreich, der nur durch die Persönlichkeit seines Kaisers zusammengehalten wurde, in der Umgangssprache allgemein nur »Österreich-Ungarn« oder »Österreich« bzw. »Habsburgerreich« genannt wurde.

Die Verfassung des neuen Deutschen Reiches war Bismarcks ureigenes Werk, dessen Verwirklichung er gegen Partikularisten und Zentralisten – und nicht zuletzt auch gegen seinen König – durchfechten mußte. Bismarck war im politischen Kampf unerbittlich. Geleitet von Menschenverachtung gelang es ihm nicht, sich in die Seele eines anderen Menschen, insbesondere eines Gegners, hineinzudenken; glaubte er einen Feind erkannt zu haben, neigte er dazu, ihn zu vernichten. Er hatte zwar die Notwendigkeit gesehen, in der Gesellschaft die Lasten gerechter zu verteilen, zog aber aus dieser Erkenntnis nur dann einen positiven Schluß, wenn der Staat nicht durch die deshalb notwendigen Maßnahmen berührt wurde; seine Ablehnung einer Ar-

beiterschutzgesetzgebung führte am 20. März 1890 zum Bruch des 75jährigen Reichskanzlers mit dem erst 31jährigen Kaiser Wilhelm II. Für die große Menge war Bismarck der Erneuerer der deutschen Einheit; weit über Preußen hinaus fand Bismarck begeisterte Anhänger, so daß fast eine Art Bismarck-Kult entstand.
Auch in Österreich, das er bewußt aus Deutschland verdrängt hatte, um Preußen die Vorherrschaft in Deutschland zu sichern, fand er zahlreiche Bewunderer: Sie wählten die blaue Kornblume, die Bismarcks Lieblingsblume war, zum Abzeichen.
Die Gründung des neuen Deutschen Reichs unter preußischer Führung war zweifellos das Werk eines genialen Staatsmannes; die Verfassung dieses Reichs war allerdings derart auf die Persönlichkeit Bismarcks abgestellt, daß seine Nachfolger sich dieser Verfassung nicht in gleichem Maß wie ihr Schöpfer zu bedienen wußten. Als Bismarck zurücktrat, brachte ein damals viel gelesenes Unterhaltungsblatt eine Darstellung, die Bismarck beim Verlassen eines Schiffes auf der Schiffsbrücke zeigte. »Der Lotse verläßt das Schiff« war die Unterschrift unter diesem Bild. Sehr bald zeigte sich, daß Bismarck nicht nur Lotse, sondern auch Steuermann des neuen Deutschen Reiches gewesen war …

4. KAPITEL

Der Ausbruch des Ersten Weltkriegs

Die erste Hälfte des 20. Jahrhunderts stand weltweit im Zeichen kriegerischer Auseinandersetzungen und revolutionärer Bewegungen, die die Landkarten veränderten und völlig neue Machtkonstellationen schufen. Das Jahrhundert wurde durch den Krieg zwischen Spanien und den Vereinigten Staaten von Amerika eingeläutet – einer Auseinandersetzung, die militärisch nur wenig Interessantes bot, aber politisch eine das gesamte Jahrhundert prägende Bedeutung hatte. Die Vereinigten Staaten von Amerika traten hier zum ersten Mal als Großmacht auf, die sich bald zur Weltmacht entwickeln sollte, der auch auf der politischen Bühne des alten Europa eine entscheidende Rolle zukam.

Das erste Jahrzehnt dieses 20. Jahrhunderts wird durch die ständig wachsende internationale Isolierung der beiden »Mittelmächte« – Österreich-Ungarns und des Bismarck-Reiches – gekennzeichnet. Ein Grund für diese Isolierung war im Falle Österreich-Ungarns der wachsende, von Rußland geschürte politische Panslavismus, der die Vorherrschaft der Deutschen und Ungarn im Vielvölkerstaat und eine damit gegebene – zum Teil wirkliche, zum Teil nur behauptete – Hintanstellung der von slavischen Völkern besiedelten Teile der Doppelmonarchie ablehnte und als Fernziel von einem großen Slavenreich unter russischem Schutz, wenn nicht unter russischer Führung, träumte; die Isolierung Deutschlands hatte ihren Grund zum Teil in der Ungeschicklichkeit der preußisch-deutschen Verwaltung in Elsaß-Lothringen, von der im vorhergehenden Kapitel schon die Rede war, zum Teil in der Konkurrenz, die mit dem Wachsen der deutschen Wirtschaft in allen westeuropäischen Mächten entstanden war, zum Teil in der bedrohlichen Steigerung des deutschen militärischen Potentials auf dem Land und zur See und – last not least – zum Teil in dem aufreizenden, praepotenten Auftreten des deutschen Kaisers und eines Teils seiner militärischen und politischen Berater.

Italien war für die unbeliebten Mittelmächte ein zweifelhafter Bundesgenosse: weite Kreise der italienischen gesellschaftlichen Oberschicht unter der geistigen Führung Gabriele d'Annunzios forderten schon seit Ende des 19. Jahrhunderts lautstark die »Befreiung« der »unerlösten« italienisch sprechenden Gebiete der Donaumonarchie, das heißt des Trentino und Istriens. Der Bündnisvertrag zwischen Österreich und dem Deutschen Reich verpflichtete Italien nur für den Fall eines russischen Angriffs auf eine der beiden Mittelmächte zu bewaffneter Hilfeleistung; in allen anderen Fällen des Ausbruchs eines bewaffneten Konflikts, in den die Mittelmächte verwickelt wurden, hatte Italien nur neutrale Haltung zugesichert.

Der Schweizer Historiker Hermann Stegemann – seine Epigonen würden ihn als »Zeitgeschichtler« reklamie-

ren – hatte in dem 1917 erschienenen ersten Band seiner »Geschichte des Krieges« – das heißt des Ersten Weltkrieges – die politische Situation im ersten Jahrzehnt des 20. Jahrhunderts so glänzend beschrieben, daß ich mir erlauben kann, mich auf einen Hinweis auf dieses Werk und auf einige wenige Zitate daraus zu beschränken.
Ich zitiere: »Als sich am 18. Januar 1871 das neue Deutschland in der Spiegelgalerie zu Versailles mit den Hochrufen auf Kaiser Wilhelm I. gebieterisch ankündigte, schob die Weltgeschichte einen neuen Stuhl zwischen die vier goldenen Sitze, die um den Tisch der höchsten Macht gereiht standen. England, Frankreich, Rußland und Österreich, die von alters an diesem Tisch gesessen, sahen sich aufgefordert, dem neuerstandenen deutschen Reiche Platz zu machen, ihm Einfluß und Stimme zu geben und Anteil an den Gütern der Erde zu gewähren...«
»Wohl war der Krieg von 1870/71 ein neues Glied in der Kette von Zusammenstößen und Auseinandersetzungen, die Frankreich und Deutschland im Laufe der Jahrhunderte miteinander erledigt hatten, aber wenn es den Deutschen als Endglied erschien und von ihnen als gerechter Abschluß dieser vielhundertjährigen Entwicklung betrachtet wurde, so teilte Frankreich diese Anschauung mitnichten. Der nationale Stolz der Franzosen ließ den Krieg von 1870 um so weniger als entscheidende Auseinandersetzung mit Deutschland gelten als ihnen im Frankfurter Frieden ein Stück nationalen Bodens entrissen worden war... Im Wesen blieb das Land deutsch, im Kulturgefühl wurde es von deutschen und französischen Einflüssen gespeist, in der politischen

Denkart war es Frankreich verwandt und im Bau ein Stück Frankreichs geworden... Gerade der Umstand, daß das napoleonische Frankreich im Jahre 1871 als Republik aus dem unglücklichen Krieg mit Deutschland hervorging, hat die Abtrennung Elsaß-Lothringens so tief empfinden lassen und der Revanchepolitik einen idealen Inhalt gegeben. Nicht nur um Elsaß-Lothringens willen, sondern vielmehr weil die Republik – la république indivisible – sich dadurch in ihrer idealen Unverletzbarkeit gekränkt fühlte, hat Frankreich unentwegt die Hoffnung auf die Wiedereroberung der beiden Provinzen genährt.«

Auch das Herzogshaus von Parma empfand die Erwerbung von Lothringen und des Elsaß als »Reichsland« eines von Preußen geführten neuen Deutschen Reichs als politische Fehlentscheidung. Die Mitglieder des Herzogshauses von Parma fühlten sich nur zum Teil noch als Franzosen; sie lehnten jedenfalls in ihrer Mehrheit die Republik als Staatsform für Frankreich ab. Der 1940 verstorbene Prinz Elias von Parma, ein älterer Bruder der Prinzen Sixtus und Xavier, war Oberst im österreichischen Generalstab. Doch alle Brüder Parma waren in ihrem Herzen Bourbonen geblieben und lebten in der 1000jährigen Tradition ihrer Familie; die Doktorarbeit des Bruders der letzten österreichischen Kaiserin, des Prinzen Sixtus von Bourbon, über den »Vertrag von Utrecht und die Grundgesetze des französischen Königreichs« beginnt mit einem glühenden Bekenntnis zum Hause Bourbon, das Sixtus für seine Person als untrennbar mit der französischen Nation verbunden ansah; Angelpunkt monarchischer Herrschaft war für ihn nicht die

Person des Königs, sondern unmittelbar die verbindliche identische Ordnung seiner Nation und seiner Familie. Er war mit dieser seiner Ansicht vermutlich der Konservativste in der großen Zahl der Kinder aus der zweiten Ehe des letzten regierenden Herzogs von Parma. Sein Bruder Xavier, der fast sein ganzes Leben in Frankreich verbracht und sich auch als Franzose gefühlt und bekannt hatte, hatte jedenfalls weltoffener gedacht.
Es gehört zum Stil alter Fürstenhäuser, daß die Ehefrau die Staatsangehörigkeit ihres Gatten annimmt und sich als Angehörige des Hauses betrachtet, in das sie geheiratet hat: selbst die eigenwillige Frau des Kaisers Franz Joseph von Österreich, Elisabeth in Bayern, hatte sich als Österreicherin gefühlt. Die letzte österreichische Kaiserin bildete in dieser Hinsicht sicher keine Ausnahme; als Österreicherin mißbilligte sie – ebenso wie Kaiser Karl – die Annexion Elsaß-Lothringens und seine von Bismarck geschaffene Sonderstellung als Reichsland; sie war nicht bereit, einen Krieg zu beginnen, um den Verbleib Elsaß-Lothringens beim Deutschen Reich zu sichern.
Die letzten Habsburger hatten andere Sorgen. Ich zitiere Hermann Stegemann: »Rußland, das sich durch Japan und seiner Ausbreitung in Ostasien betrogen wußte, wandte sich wieder dem nahen Orient zu und sammelte hier seine Energien und Ideale, um endlich den ungehinderten Ausgang aus dem Schwarzen Meer und somit den Weg zur freien See zu finden, den ihm Englands Verbündeter im fernen Osten vorgelegt hatte. Kaum war der Friede von Portsmouth geschlossen, der zwischen Rußland und Japan einen tragfähigen Friedenszustand

schuf, so legte die russische Politik das Steuer um und schiffte nach der Überwindung der Revolution entschlossen westwärts. Alte russische Ideale wurden wieder neu, die Politik des Zarentums begann noch einmal, sich im Feuer der panslawistischen Idee zu läutern, um alle inneren Schwierigkeiten durch Ablenkung der nationalen Energien nach außen zu bannen. Geschah dies in der Richtung auf Konstantinopel, und zwar zunächst durch Stärkung der Balkanstaaten, so mußte Rußland auf Österreich-Ungarn stoßen, das dem Nationalitätsprinzip als Staatsgrundsatz weder an der Südgrenze gegen Italien noch gegen Serbien oder Rumänien Raum gönnen konnte, ohne sich selbst aufzugeben. Rußland rechnete mit den abirrenden Gefühlen und Tendenzen der dort im österreichisch-ungarischen Staatenverband lebenden und der Monarchie kulturell und politisch mehr oder weniger angeschlossenen Serben, Rumänen und Italiener, die von den Wiener und Pester Regierungen nicht immer glücklich gelenkt worden waren....

...Am gefährlichsten für Österreich-Ungarns Zusammenhalt als mitteleuropäisches Machtgebilde war die Werbekraft, die von dem herben, zukunftsgläubigen Serbentum ausging. Da die Reichsgrenze gegen Serbien als eine verschiebbare erschien, weil Bosnien und die Herzegowina von der Monarchie nur besetzt waren und lediglich verwaltet wurden, so schöpfte die großserbische Politik daraus die volle Berechtigung, die Angliederung dieser Landschaften an das Königreich Serbien ungescheut zu betreiben. Zugleich verstärkte Serbien, von Rußland über die Wirkung des russischen Einflusses belehrt, seine Werbungen in Mazedonien, wo Bulgarien und Griechenland schon als Anwärter tätig waren und eine von umstürzlerischen Bestrebungen zerrissene, in Nationalitäten zerfallene Bevölkerung in ständiger Unruhe lebte...

...Als England sich Rußland immer mehr näherte und die Balkanvölker der Abstumpfung des englisch-russischen Gegensatzes gewahr wurden, wuchs die Gefahr gewaltsamer Vorgänge auf der Balkanhalbinsel. Die englisch-russische Annäherung gedieh am 19. Juli 1908 zu einer Zusammenkunft König Eduards mit dem Zaren, die auf der Reede von Reval stattfand und einen Gedankenaustausch über die Balkaninteressen der beiden Mächte zutage förderte. Offenbar hatte England sogar sein Verhältnis zur Türkei einer Durchsicht unterzogen, um seine Einkreisungspolitik zum Siege zu führen...«

Im Sommer 1908 stürzten die liberalisierenden Jungtürken das absolutistische Regime des Sultans. »Eine neue Orientkrisis zog herauf. Unter dem Zwange der Umstände entschloß sich Österreich-Ungarn, zu handeln, ehe seine Stellung am Balkan von anderer Seite zur Erörterung gestellt wurde. Es verkündete die Einverleibung der ihm durch den Berliner Kongreß 1878 zur Besetzung überwiesenen Landschaften Bosnien und Herzegowina. Wien stellte also einer von innen heraus wirkenden Entwicklung eine äußerliche Tatsache entgegen, ohne sich mit den Signatarmächten des Berliner Kongresses ins Einvernehmen zu setzen und ohne den zwischen dem Kaiser und König und dem türkischen Sultan abgeschlossenen Vertrag auf rechtlichem Wege zu beseitigen. Es fühlte sich in einer Zwangslage und

handelte danach. Dieser Schritt brachte nicht nur den Balkan, sondern auch die Großmächte in Bewegung...
...Die europäische Gegenwirkung auf den Schritt Österreich-Ungarns war so stark, weil durch die endgültige Einverleibung der beiden Landschaften in die Donaumonarchie die Erwartungen und Möglichkeiten des großserbischen Zukunftsstaates gedämpft wurden, Rußland sich in seiner politischen Interessensphäre verletzt, in seinen Hoffnungen und Entwürfen bedroht fühlte... Mit der Einverleibung von Bosnien und Herzegowina in den Vielvölkerstaat Österreich – die von Völkerrechts wegen als Annexion angesehen werden mußte – wurde Österreich-Ungarn mehr als bisher und mehr als ihm später lieb war, politisch auf den Balkan engagiert; die nicht allzu große, unruhige Grenze zwischen Serbien und Ungarn wurde damit nach Südwesten um das Doppelte verlängert; andererseits gewann Österreich mit dieser Annexion für das dalmatinische Küstenland – bis dahin nur ein schmaler Streifen – das dringend notwendige Hinterland.
Die europäischen Staaten, insbesondere die Großmächte, reagierten ablehnend auf den Schritt Österreichs; auch Italien »fühlte sich« – ich zitiere wieder Hermann Stegemann – »durch die Annexion Bosniens und der Herzegowina in seinen Interessen und Hoffnungen tief verletzt und handelte danach. Ein fürstlicher Besuch ließ dies deutlich erkennen. Am 23. Oktober 1909 empfing König Viktor Emanuel in Racconigi den Besuch des Zaren, der auf der Hin- und Rückreise vermied, das Gebiet der Donaumonarchie zu berühren. In dem alten piemontesischen Lustschlosse fand eine eingehende Be-

sprechung der russischen und italienischen Staatsmänner statt. Die Gemeinsamkeit russischer und italienischer Interessen auf der Balkaninsel wurde geflissentlich hervorgehoben, und Iswolski, der sich als Botschafter hatte versetzen lassen, nahm Gelegenheit, einem Mitarbeiter des ›Temps‹ ausdrücklich zu sagen: ›Die Erhaltung des bestehenden Zustandes und die Entwicklung der Autonomie der Balkanstaaten ist unser gemeinsames Ziel.‹ Mit einem Schlage wurde offenbar, daß auch zwischen Rom und Petersburg starke Fäden gesponnen waren. Da Italien schon von Algeciras und noch länger her durch lebendige Interessen an England gefesselt war, so erschien der Dreibund innerlich gelockert und insbesondere das Bundesverhältnis Italiens zu Österreich – die kälteste aller politischen Vernunftsehen – vollends brüchig geworden.« Soweit Hermann Stegemann.

Nach Art. 25 der Berliner Kongreßakte von 1878 stand Bosnien und die Herzegowina zwar unter österreichischer Verwaltung, aber noch immer unter der Souveränität des Sultans, der theoretisch von Völkerrechts wegen das Gebiet auch an Drittstaaten, etwa an Serbien, oder die Herzegowina an Montenegro, abtreten konnte. Das Deutsche Reich, das 1878 den Berliner Kongreß – auf die Anregung von Andrássy und später auch von Salisbury hin – einberufen hatte, hatte sich auf die Rolle des »ehrlichen Maklers« beschränkt.

Österreich-Ungarn konnte sich bei der Annexion Bosniens und der Herzegowina auf die Notwendigkeit berufen, das Hinterland hinter seinen Adriahäfen den Balkanwirren zu entziehen, die die Türkei allmählich aus Europa zu verdrängen schienen.

Zwei Jahre vor der Annexion von Bosnien und der Herzegowina durch Österreich, die das Verhältnis Österreichs zu seinem nördlichen Nachbarn Rußland schwer belastete, verschärfte der deutsche Kaiser Wilhelm II. durch ein dreimaliges Eingreifen in die latente Krise in Marokko, das Frankreich seit 1907 zu besetzen begonnen hatte, den deutsch-französischen Gegensatz.

Österreich hatte sich im Konzert der Mächte durch die Annexion Bosniens und der Herzegowina weitgehend isoliert; die Folge der deutschen Einmischung in das Marokkoproblem war die politische Isolierung des Reichs Wilhelms II. in einem Europa, das damals noch weitgehend die Welt bedeutete. Das Deutsche Reich hatte zum Unterschied zu Österreich ohne Not gehandelt: Es hatte in Marokko keinerlei Interessen zu wahren; wie immer die Marokkofrage ihre Erledigung fand: Das Deutsche Reich konnte von dieser Erledigung weder mittelbar noch unmittelbar berührt werden. Daß sich Österreich-Ungarn und das Deutsche Reich enger zusammenfanden, war eine Selbstverständlichkeit.

Als Persönlichkeiten waren der Kaiser Franz Joseph von Österreich und der deutsche Kaiser Wilhelm II. in jeder Hinsicht Gegensätze. Beide fühlten sich als Erben: Franz Joseph als Nachkomme der Kaiserin Maria Theresia, Wilhelm II. als Nachfolger seines Großvaters Wilhelm I. Beide sahen sich in die Pflicht genommen. Beide hatten eine hohe Auffassung von ihrem Amt. Kaiser Franz Joseph war für seine Person – bei aller Würde – einfach und bescheiden geblieben; sein ganzes, im Grunde tragisches Leben wurde von seinem Pflichtbewußtsein bestimmt.

Wilhelm II. zeigte sich am liebsten »in schimmernder Wehr«; er wollte ein neues Kaisertum repräsentieren, ein Kaisertum, auf das er stolz war und das die Welt bestaunen sollte. Sowohl Kaiser Franz Joseph wie Kaiser Wilhelm II. waren von ihrem Gottesgnadentum überzeugt; doch für Franz Joseph bedeutete dieses Gottesgnadentum Verpflichtung, für Wilhelm II. Anspruch und besondere Rechte. Sowohl Kaiser Franz Joseph wie Wilhelm II. hatten eine hohe Auffassung von der ihnen übertragenen Aufgabe; doch während Franz Joseph immer mehr zum Symbol des Vielvölkerstaats wurde, entwickelte sich Wilhelm II. zum Zerrbild all dessen, was der Nichtdeutsche am Deutschen ablehnen zu müssen glaubte.
Auf dem Berliner Kongreß hatten die europäischen Mächte den Rückzug Rußlands vom Balkan und damit die Rettung der europäischen Türkei erzwungen; der Balkan war jedoch für Europa ein Pulverfaß geblieben. Die beiden Balkankriege von 1912 und 1913 wirken heute – rückschauend gesehen – fast wie ein Vorspiel zum 1. Weltkrieg. Sie beendeten die osmanische Herrschaft auf dem Balkan. Die Türken behaupteten sich nur noch in einem großen Brückenkopf um die Hauptstadt Istanbul mit Zufahrtswegen über Edirne, das türkisch blieb, und Alexandropolis, der Hauptstadt von Ostthrakien, die an Griechenland fiel. Um die Siegesbeute nach dem 1. Balkankrieg stritten sich anschließend die siegreichen christlichen Balkanstaaten; aus dem Streit um Mazedonien entzündete sich durch einen Angriff der Bulgaren gegen das von Griechenland unterstützte Serbien ein 2. Balkankrieg; im Frieden von Bukarest vom 10. August 1913 fiel die Dbrudscha an Rumänien,

während sich Serbien und Griechenland Mazedonien teilten und Albanien ein selbständiges Fürstentum wurde.
Serbien war mit der von den Großmächten gefundenen Lösung nicht zufrieden; vor allem das von Rußland gestützte Königshaus Obrenowidsch und die akademische Jugend des Landes träumten in Erinnerung an das 14. Jahrhundert von einem neuen Großserbischen Reich mit Zugang zum Meer, der durch die Annexion von Bosnien und der Herzegowina durch Österreich endgültig versperrt schien. Trotz des Friedens von Bukarest blieb der Balkan der Krisenherd Europas, ein Krisenherd, dessen Feuer seit der Einverleibung von Bosnien und der Herzegowina in das österreichische Staatsgebiet bis nach Österreich reichte. Es war kein Zufall, daß sich an diesen Flammen der Erste Weltkrieg entzündete.
Österreichs Führung war sich – mindestens zum Teil – dieser Gefahr bewußt; bestimmte militärische Führungskreise – unter ihnen der Bedeutendste, der spätere Generalstabschef Conrad von Hötzendorf – hatten schon nach der Annexion von Bosnien und der Herzegowina mit dem Gedanken eines Präventivkriegs gespielt, durch den Serbien und Montenegro »als selbständige Gebilde weggeschafft« – so Conrad – werden könnten, solange Rußland noch unter den Nachwirkungen der Niederlage im Krieg gegen Japan 1904/05 und der Revolution von 1905/06 litt. Kaiser Franz Joseph lehnte jedoch den Gedanken eines Präventivkriegs mit aller Entschiedenheit ab.
Nach der Einverleibung von Bosnien und der Herzegowina versuchte Österreich die Bevölkerung, die nicht

willens war, eine Fremdherrschaft gegen eine andere einzutauschen, für sich zu gewinnen. Diesem Zweck diente 1914 auch die Reise des österreichischen Thronfolgerpaars in das neuerworbene österreichische Staatsgebiet, die am 18. Juni 1914 in Sarajewo, der Hauptstadt Bosniens, so tragisch enden sollte.

Erst dieser Doppelmord scheint den greisen österreichischen Kaiser von der Richtigkeit der Auffassung seines Generalstabschefs Conrad von Hötzendorf, daß nur ein siegreich geführter Krieg den Vielvölkerstaat Österreich werde erhalten können, überzeugt zu haben; noch während der Balkankriege hatte sich der Kaiser allen Kriegsplänen – ja selbst jeder Drohung mit Gewalt – mit aller Energie widersetzt.

Die Empörung der Bevölkerung über die Mordtat von Sarajewo, der Ruf nach Vergeltung überall in Österreich – und nicht nur in Österreich, sondern auch im benachbarten Deutschland – war unüberhörbar. Der greise Kaiser beugte sich nach langem, allzulangem Zögern der öffentlichen Meinung. Sein Generalstabschef Conrad von Hötzendorf beurteilte allerdings jetzt die Chancen Österreichs in einem Krieg auf dem Balkan – der nach Lage der Dinge auch zu einer militärischen Auseinandersetzung mit Rußland führen mußte – nicht mehr optimistisch.

Gerhard Ritter berichtet im zweiten Band seines Werks über »Staatskunst und Kriegshandwerk« von einer Äußerung Conrads seinem Freund Baron Chlumecky gegenüber: »Im Jahre 1908/09 wäre ein solcher Krieg ein Spiel mit aufgelegten Karten gewesen, 1912/13 noch ein Spiel mit Chancen, jetzt ist es ein Vabanque-Spiel.«

Die Note, die der österreichisch-ungarische Gesandte in Belgrad am 23. Juli 1914 überreichte, war von unerhörter Schärfe: Österreich-Ungarn forderte – ich zitiere wieder Hermann Stegemann – »die Annahme und Veröffentlichung einer genau vorgeschriebenen Erklärung, in welcher die großserbische Propaganda von der Königlich Serbischen Regierung verurteilt und denjenigen die größte Strenge angedroht wurde, die sich solcher Handlungen schuldig machten. Diese Erklärung war dem serbischen Heer durch einen königlichen Tagesbefehl zur Kenntnis zu bringen und im Militäramtsblatt zu veröffentlichen. Der serbische Volksverein (Narodna Odbrana) sollte unter Mitwirkung österreichisch-ungarischer Beamter aufgelöst und gegen die in Serbien zu suchenden Teilnehmer an dem Mordanschlag von Sarajevo eine Untersuchung eingeleitet werden, an der ebenfalls österreichisch-ungarische Organe mitzuwirken hatten. Darüber hinaus ging die weitere Forderung, österreichische Beamte in Serbien an der Unterdrückung der gegen die Monarchie gerichteten Bestrebungen teilnehmen zu lassen.«
Was zu erwarten war, geschah: Serbien lehnte das österreichisch-ungarische Ultimatum ab; Österreich-Ungarn erklärte daraufhin am 28. Juli 1914 sich »in die Notwendigkeit versetzt, seine Rechte und Interessen selbst zu wahren und zu diesem Zweck die Entscheidung der Waffen anzurufen«. Österreich-Ungarn betrachte sich »daher von diesem Augenblick an als im Kriegszustand mit Serbien stehend«.
Rußland, das sich verpflichtet fühlte, Serbien zu Hilfe zu eilen, wartete nicht auf den Augenblick, in dem öster-

reichische Truppen die serbische Grenze überschritten, sondern begann schon am 29. Juli 1914 mit der Mobilmachung von zunächst 12 Armeekorps. Damit war, wie Stegemann richtig feststellt, »das Schwergewicht der Lage mit einem Ruck nach Petersburg verschoben. Der serbisch-österreichische Streitfall war zu einem österreichisch-russischen Handel geworden und nun verdichtete sich die Angelegenheit zu der Frage, ob daraus mit Notwendigkeit ein europäischer Konflikt hervorgehen mußte«. Jetzt wog »der europäische Friede... federleicht in der Waage des Geschicks. Deutschland konnte ein bewaffnetes Einschreiten Rußlands in einen österreichisch-serbischen Streitfall« – so meinte der Schweizer Stegemann – »nicht zugeben, ohne seine eigene Existenz zu untergraben« – zumal, worauf Gerhard Ritter hinweist, »in eben diesen Tagen« für Österreich-Ungarn »die letzte Hoffnung schwand, Rumänien als Bundesgenossen in den Krieg hineinzuziehen«.

Italien, das nur noch formal dem Dreibund angehörte – Stegemann nennt das Bundesverhältnis zwischen Italien und Österreich »die kälteste aller politischen Vernunftsehen« – hoffte nicht nur das politische Dilemma Österreichs nutzen zu können, um das »unerlöste« Trentino zu gewinnen, sondern liebäugelte darüber hinaus auch mit dem Gedanken, die Ostküste der Adria, das »Mare nostro«, Österreich abzunehmen. Es blieb daher in den Auseinandersetzungen des Sommers 1914 abwartend neutral.

Deutschland war, wie es heute – da alle Quellen offen liegen – scheint, von der politischen Entwicklung in Südosteuropa überrascht. Bethmann-Hollweg, der seit

1909 als Reichskanzler für die Außenpolitik des Deutschen Reiches verantwortlich war, sah – im Unterschied zu seinem Kaiser – die drohende Kriegsgefahr, die öffentlich zu erklären er allerdings noch am 29. Juli 1914 ablehnte; er begnügte sich damit, Rußland vor weiteren Mobilisierungsmaßnahmen zu warnen. Im übrigen vertrat er die Ansicht, Deutschland müsse als Bundesgenosse Österreichs das Risiko eines Krieges in Kauf nehmen, dürfe aber selbst nichts tun, um die Kriegsgefahr zu erhöhen. Der Generalstabschef Graf Moltke billigte diese Haltung des Reichskanzlers.

Erst auf die Nachricht von einer russischen Generalmobilmachung hin wurde im Deutschen Reich am 31. Juli 1914 der »Zustand drohender Kriegsgefahr« amtlich verkündet, am Tag darauf, am 1. Aug. 1914, die allgemeine Mobilmachung befohlen.

Die Zurückhaltung Bethmann-Hollwegs nützte nichts: Die Ablehnung der neuen deutschen Großmannssucht war bei den Nachbarn des Reichs allzu heftig, die Angst vor der deutschen Wirtschaftsentwicklung und dem Wachsen der deutschen Rüstung – vor allem zur See – zu ausgeprägt, das Säbelrasseln Wilhelms II. zu laut, die Furcht vor einer neuen, unerwarteten, außenpolitischen Extratour Deutschlands zu groß, um die Nachbarn Deutschlands noch von deutscher Friedensliebe zu überzeugen. Für die einen von Deutschlands Nachbarn war das Deutsche Reich bedrohlich geworden, für die anderen unglaubwürdig; für alle aber schien es gefährlich und unberechenbar. Das Deutsche Reich und Österreich standen im Sommer 1914 allein in einer Welt von Gegnern – das Deutsche Reich als großspuriger Parvenu, Österreich-Ungarn als antiquierte Erscheinung von gestern.

Mit dem 31. Juli 1914, dem Tag der Erklärung des Zustandes drohender Kriegsgefahr im Deutschen Reich – so schreibt Gerhard Ritter in seinem Werk über »Staatskunst und Kriegshandwerk« – »hat das große, furchtbare Schicksal seinen Lauf genommen und ein neues weltgeschichtliches Zeitalter – ein eisernes Zeitalter! – heraufgeführt. Das deutsche Volk ist in den Weltkrieg mit gutem Gewissen gezogen, überzeugt davon, durch eine Vielzahl von Feinden ringsum überfallen zu sein. Auch seine politischen und militärischen Führer durften sich sagen, daß sie diese Katastrophe niemals gewollt hätten; sie waren davon einfach überwältigt worden, und wir haben kein Recht, die Echtheit ihres grundsätzlichen Friedenswillens zu bezweifeln. Es hat niemanden an führender Stelle gegeben, der einen Weltkrieg herbeiführen wollte; in diesem Sinne gibt es heute keine ›Kriegsschuldfrage‹ mehr. Es gab aber einen Fatalismus des Glaubens an die Unvermeidbarkeit des großen Krieges und ein starkes nationales Prestige- und Geltungsbedürfnis, die beide zu politischer Blindheit führen konnten... Und vor dem Urteil der Geschichte kann auch politische Blindheit zur Schuld werden.«

Wie sich im Hochgebirge manchmal zwei Lawinen, die von verschiedenen Berggipfeln abgehen, vereinen und dann mit geballter Kraft in das Tal hinunterstürzen, so haben 1914 zwei völlig verschiedene, schwerwiegende politische Konflikte, die an sich zunächst nichts miteinander zu tun hatten und von denen der eine nur Österreich, der andere nur Deutschland unmittelbar berührte,

zu einem einzigen großen Krieg geführt, von dem sich jeder an den genannten Einzelkonflikten beteiligte Staat eine ihm günstige Lösung des ihn berührenden Konfliktes erhoffte. Österreich und Deutschland begannen Anfang 1914 den Krieg in verschiedenen Richtungen, mit verschiedenen hauptsächlichen Gegnern: Österreich kämpfte gegen Serbien und das hinter Serbien stehende Rußland, das Deutsche Reich richtete seinen Angriff zuerst gegen Frankreich. Der letzte österreichische Kaiser Karl konnte 1917 in den beiden Briefen an seinen Schwager, den Prinzen Sixtus von Parma, in denen er seinen Friedenswillen betonte, mit Recht darauf hinweisen, daß Österreich und Frankreich keine Verschiedenheit der Ansichten und Zielsetzungen trenne.
Österreich war nicht an der elsaß-lothringischen Frage, das Deutsche Reich Wilhelms II. war andererseits nicht an dem großserbischen Problem interessiert. Ein gemeinsames Kriegsziel und gemeinsame Kriegsführung können Staaten eng miteinander verbinden; die Erkenntnis dieser Tatsache mag 1870 den genialen Psychologen Bismarck veranlaßt haben, mit der Formulierung der »Emser Depesche« eine bewaffnete Auseinandersetzung mit Frankreich zu provozieren, eine Auseinandersetzung, durch die Preußen und die mit Preußen schon eng verbündeten kleineren deutschen Staaten »mit Blut und Eisen« zu einem neuen deutschen Reich unter preußischer Führung zusammengeschweißt werden sollten.
1914 verband das deutsche Reich und Österreich weder ein gemeinsames Kriegsziel noch eine gemeinsame Kriegsführung. Die Verschiedenheit der Auseinander-

setzungen, in die im Schicksalsjahr 1914 einerseits Österreich und andererseits das Deutsche Reich verwikkelt waren, wirkte sich auch auf die Haltung der Geschwister der Erzherzogin aus dem Hause Parma-Bourbon aus, die später einmal Kaiserin von Österreich und Königin von Ungarn sein sollte: Zwei ihrer Brüder, Sixtus und Xavier, kämpften als belgische Offiziere auf Frankreichs Seite, drei ihrer Brüder, Elias, Felix und René dienten in der österreichischen Armee. Sowohl Sixtus wie Xavier fühlten sich vor allem als Bourbonen, Elias, Felix und René dagegen zuerst als Brüder der späteren österreichischen Kaiserin.
So verschieden die Kriegsgründe waren, die die beiden Großmächte in der Mitte Europas in den Krieg führten, so verschieden waren auch die Herrschergestalten, die in Wien und Berlin die letzte Entscheidung zu treffen hatten: In Wien ein gealterter, vom Schicksal heimgesuchter, der Bedeutung seiner Aufgabe immer bewußter Monarch, einfach und gerade, der 66 Jahre lang das Symbol einer Reichsidee gewesen war, die im Begriff stand, unterzugehen; in Berlin ein junger Kaiser, der in »schimmernder Wehr« seine Aufgabe mehr zu spielen denn zu erfüllen schien und von dem der bayerische Nationalliberale Ludwig Thoma in einer zweifellos allzu harten, aber für den Altbayern seinerzeit vielleicht typischen Wertung als von einem »Schwächling« spricht, »dem die Größe des Moments ... Gelegenheit gibt, sich aufgeblasen in Szene zu setzen, der keine Ahnung von den Vorgängen, weder von ihrer Vorgeschichte, noch von ihrer Tragweite hat und der den historischen Fatzke mit friederizianischen Randglossen spielen möchte, in Wirk-

lichkeit aber nur die Ansichten eines geschwächten Commisvoyageurs von sich gibt.«

Der 1. Weltkrieg entwickelte sich aus einem Konflikt am Balkan, der im Grunde Bismarcks Deutsches Reich nicht berührte; doch sehr bald wurde die Niederwerfung dieses Deutschen Reichs im Zentrum Europas zum Hauptziel der in den Krieg eingetretenen »äußeren« Mächte Europas. Je länger der Krieg dauerte, desto mehr wurde Österreich-Ungarns Schicksal von dem des Deutschen Reiches abhängig.

Dieses Deutsche Reich – ein Emporkömmling, der mit einer unberechenbaren Politik das europäische Gleichgewicht störte – war der eigentliche Gegner sowohl Rußlands wie der beiden Westmächte; der Wunsch, es als Großmacht auszuschalten, hatte die genannten drei Mächte schon 1907 in der sogenannten Trippelallianz, einer diplomatischen Abrede zu gemeinsamem Vorgehen ohne feste Vertragsform, zusammengeführt.

5. KAPITEL

Bis zu Italiens Kriegseintritt

Schon ein knappes Vierteljahr nach Kriegsbeginn ließ sich erkennen, daß der am 1. August 1914 ausgebrochene Krieg nicht den Verlauf nahm, den die militärische Führung in Österreich und in Deutschland erhofft hatte. Der erste Kriegsmonat stand im Zeichen kaum erwarteter Erfolge der deutschen und österreichischen Armeen. Ich zitiere den Schweizer »Zeitgeschichtler« Hermann Stegemann: »Am 28. August war das deutsche Westheer auf einem stürmischen Siegeszug an die Oise und die Maas gelangt, am gleichen Tage hatte das österreichisch-ungarische Heeer bereits den Erfolg von Krasnik an seine Fahnen geheftet und stand bei Zamosc und Przemyslany noch in Kämpfen, die ihm Siege versprachen. Am 30. August erreichte die glänzende Angriffsbewegung der Deutschen im Westen ihren Gipfelpunkt«; gleichzeitig erklämpften im Osten Auffenberg und Erzherzog Josef Ferdinand bei Zamosc und Komarow den Sieg.

Im Nordosten, am äußersten rechten Flügel der russischen Front, waren zwei russische Armeen in Ostpreußen eingedrungen; die eine wurde von General Samsonow, die andere – rechts rückwärts gestaffelt – von General Rennenkampf geführt. Diesen beiden russischen Armeen stand mit – im Verhältnis zum Gegner – schwachen Kräften eine deutsche Armee gegenüber, die von dem aus dem Ruhestand zurückberufenen General von Hindenburg, einem hervorragenden Kenner der Geländeverhältnisse Ostpreußens, befehligt wurde. Hindenburg hatte, so schildert es der Schweizer Hermann Stegemann, die Armee Samsonows »in ein verderbliches Netz verstrickt«, das in dem durch eine große Zahl von Seen zerschnittenen Gelände aus einer doppelseitigen Umfassung mit einer verhältnismäßig schwachen, aber tiefen Mitte gewoben war; in dieses Netz verfing sich am 28. August 1914 Samsonows Armee. Samsonow hatte, so berichtet Stegemann, »zwei Drittel seiner Kräfte gegen die schwache deutsche Mittelstellung eingesetzt und verbraucht, während hinter ihm die Umfassung und Umgehung durch verhältnismäßig starke deutsche Kräfte ausreiften und der Masse der russischen Armee den Rückzug abschnitten. Die Russen .... leisteten verzweifelten Widerstand.« Es war vergeblich. »General Samsonow hat die Vernichtung seiner Armee nicht überlebt; er ist – sei es von eigener Hand, sei es im Kampf – gefallen.«

Am 4. September 1914 griff Hindenburg, der inzwischen Verstärkung erhalten hatte, dann die Armee Rennenkampfs an, deren rechter Flügel an das Haff angelehnt und die führungsmäßig zu schwerfällig, in der Bewegung zu langsam gewesen war, um der vorgeprellten Armee Samsonows zu Hilfe eilen zu können. Es gelang Hindenburg, den linken Flügel der Armee Rennenkampfs zu umgehen; am 13. September 1914 wurde die

Armee Rennenkampfs durch einen Stoß in ihre tiefe Flanke von Hindenburgs Armee zerschlagen.
Der doppelte deutsche Erfolg in Ostpreußen ließ die deutsche Führung aufatmen; denn Ende August, Anfang September 1914 deutete sich im Osten wie im Westen ein unerwarteter Umschwung an. Im Osten fiel am 30. August 1914, so berichtet Stegemann, bei Rohatyn »der Würfel zu ungunsten des Österreichers Brudermann, und vor Königsberg stand der Russe Rennenkampf« – damals »noch unbesiegt: Von Insterburg bis Lemberg war eine Russenflut in der Bewegung sichtbar geworden, gegen die nur mit verstärkten und vereinten Kräften angekämpft werden konnte.
Am 7. September 1914 war Lemberg verloren, waren die Armeen Dankls und des Erzherzogs Josef Ferdinand in Gefahr überrannt zu werden, Auffenberg in schwerer Bedrängnis und das Schicksal des ganzen Feldzugs Österreich-Ungarns an eine Frist von wenigen Tagen geknüpft ... Im Osten ... war ganz Ostgalizien verloren gegangen und je nach dem Angriffsplan, den Großfürst Nikolaj Nikolajewitsch ausführte, die Kette der Karpathenpässe und die Kornebene Ungarns oder Mähren und Schlesien bedroht.«
Am gleichen 7. September 1914 sahen sich – so Stegemann – »die deutschen Westarmeen, die die Marne überschritten hatten, am Ourcq und am Petit Morin unter ungünstigen strategischen Bedingungen vor eine Entscheidungsschlacht gestellt, zum Teil schon unter Umfassung ihres rechten Flügels hineinverwickelt.
Im Osten und im Westen waren Reserven notwendig, um die Entwicklung ausschlaggebend zu beeinflussen

und auf dem östlichen Kriegstheater die Lage zum Guten zu wenden, auf dem westlichen die großen Errungenschaften sicherzustellen. Aber die jungen Truppen, die die Kasernen füllten, waren noch nicht feldfähig und Zeughäuser und Fabriken noch nicht im Stande, den Bedarf an Schießvorrat für die modernen Massen- und Dauerschlachten anzufertigen.«

Die deutsche oberste Heeresleitung war dieser Lage, die sich – so Stegemann – am 7. September »in einem düster verschlungenen Knäuel« darbot, nicht gewachsen. Sie stoppte die Angriffsbewegung und entschloß sich zur Rücknahme der bisherigen Angriffsarmeen hinter die Aisne, um sich dort zur Verteidigung einzurichten – ein Verzicht auf die Weiterführung des Schlieffenplans und, »wie sich bald zeigen sollte, auch auf eine Sprengung des eisernen Rings, der sich mit Ausbruch des Ersten Weltkriegs um Deutschland und Österreich gelegt hatte und dessen Ziel es war, die Mitte Europas zu erdrosseln«.

Die unerwartete Wendung in der allgemeinen Kriegslage traf zunächst Österreich, während die deutsche Führung die Folgen des Verzichts auf Fortführung des Angriffs und des Übergangs zur Verteidigung offenbar noch nicht klar erkannt hatte. Dazu Hermann Stegemann: »Tiefernst war die Lage für Österreich-Ungarn, als seine Hauptmacht das Feld verließ und sich 100 Kilometer westlich von Przemysl wieder zu sammeln suchte. Das ganze Heer hatte in siebzehntägigen Kämpfen geblutet und kehrte mit Wunden bedeckt aus Ostgalizien und Polen zurück. Noch ernster erschienen die Aussichten, die sich vom allgemeinen Standpunkt der beiden Mittelmächte boten. Ihre Heere waren im Westen und Osten zu einem gegenseitig bestimmten Rückzug genötigt worden, selbst Serben und Montenegriner gingen zum Gegenstoß über und bedrohten Syrmien und Bosnien und die Südflanke des mitteleuropäischen Blocks, während England die Seeblockade enger zog. Unheimliches Dunkel verhüllte die Ferne und wälzte sich schwer auf die nächste Zukunft der beiden mitteleuropäischen Reiche. Die kühne Angriffsbewegung, die über die verhängnisvolle Einkreisung im Schoße Europas triumphieren sollte, war im Westen zum Stehen gekommen, im Osten abgeschlagen und im Süden eingestellt worden.« Zwar behaupteten sich die deutschen Armeen in Frankreich in der neuen Verteidigungsstellung zunächst noch in voller Schlagkraft; doch vom November 1914 bis zum Kriegsende scheiterten alle Versuche, im Angriff den eisernen Ring zu sprengen, der sich um die Mittelmächte gelegt hatte. »Mit einem Schlage«, so sieht der Schweizer Hermann Stegemann die Situation am 15. September 1914, »hatte sich die allgemeine Kriegslage zugunsten der auf den äußeren Linien stehenden Mächte« – das heißt, zugunsten der Gegner Österreichs und des Deutschen Reichs – »aufgehellt ...« Mit der endgültigen Aufgabe auch des geänderten Schlieffenplans verlor auch aus militärischer Sicht der Überfall auf das neutrale Belgien seinen Sinn. »Doch« – so Gerhard Ritter – »der Durchmarsch durch Belgien war nun einmal geschehen und hatte Ströme von Blut gekostet, auch durch mancherlei übereilte und brutale ›Vergeltungsmaßnahmen‹ der deutschen Truppen schwere Erbitterung geschaffen. War nicht ernstlich zu befürchten, daß die Belgier, um sich nicht ein zweites Mal so ungeheuren Gefahren auszusetzen, ihre Neutralität aufgeben und für immer ins Lager der Westmächte übergehen würden?« Die von den Großmächten auf der Londoner Konferenz 1830 entworfene und mit dem Friedensschluß zwischen Belgien und den Niederlanden 1839 in Kraft getretene Neutralität Belgiens sollte zwar, ähnlich der Schweizer Neutralität, eine »immerwährende« sein; doch mit ihrer Verletzung durch das Deutsche Reich hatte Belgien die Entscheidungsfreiheit über seine Stellung in der europäischen Staatenwelt wieder gewonnen.

Im Unterschied zu dieser belgischen Neutralität beruhte die Neutralitätserklärung Italiens nur auf dem Bündnisvertrag zwischen Österreich, Deutschland und Italien, der 1882 in Erweiterung des deutsch-österreichischen Zweibunds abgeschlossen und 1912 als reines Verteidigungsbündnis zum letzten Mal erneuert worden war. Ich zitiere wieder den Schweizer Hermann Stegemann: »Am 11. Dezember 1914 bekannte sich das römische Kabinett« auf Betreiben des Außenministers, des »von imperialistischen Plänen erfüllten Historikers Sidney Sonnino ... öffentlich zu dem Grundsatz, daß Italien gegenüber Österreich ein Recht auf Entschädigungen besitze. Am 14. Januar 1915 richtete die italienische Regierung an Österreich-Ungarn die Anfrage, ob die Donaumonarchie gewillt sei, eine Abtretung von Teilen österreichischen Staatsgebiets als Grundlage der Verhandlungen über Entschädigungen für die Vergangenheit und Bürgschaften für die Zukunft anzunehmen ... Nach langem Zögern, das Italien willkommen war, da es Zeit fand, sich zu rüsten und zugleich vor einem Winterfeldzug bewahrt wurde, nahm Österreich-Ungarn die Abtretung gewisser Gebiete als Grundlage der Verhandlungen an. Die österreichisch-ungarische Regierung teilte der italienischen Regierung am 27. März und am 2. April 1915 mit, daß man bereit sei, die Bezirke von Trient, Rovereto, Riva und Tione mit Ausnahme von Madonna di Campiglio und die Umgebung von Borgo abzutreten. Dagegen sollte Italien wohlwollende Neutralität bis zum Friedensschluß zusichern und Österreich-Ungarn für die Kriegsdauer volle Handlungsfreiheit am Balkan zugestehen... Erst auf wiederholtes Drängen der Mittelmächte gab Italien seine Gegenvorschläge bekannt. Sie spiegelten die Unterhandlungen Italiens mit den Westmächten, denn Italien forderte nun die vollständige Preisgabe des Trentino aufgrund der Grenzen, die Napoleon im Jahre 1811 mit der Spitze seines Degens in die Landkarte gezeichnet hatte ..., also die Zugänge zum Brenner, das weit außerhalb des italienischen Sprachgebiet liegende urdeutsche« – so der Schweizer – »Bozen und eine Grenzberichtigung am Isonzo mit Einschluß von Görz, Gradiska und Monfalcone« sowie »die Abtretung der Curzolari-Inselgruppe« und »die Umwandlung Triests mit seinem Hinterland nebst Capodistria und Pirano in einen unabhängigen Freistaat. Alle diese Abtretungen sollten sofort vollzogen und die aus den abgetretenen Landesteilen stammenden Angehörigen der österreichisch-ungarischen Armee und Marine sofort entlassen werden. Endlich aber heischte Italien die volle Souveränität über Valona und Saselo mit Hinterland und völliger Abkehr Österreich-Ungarns von den Geschicken Albaniens ... Aus diesen Forderungen blickten nicht nur die unverhüllten Ansprüche auf völlige Befriedigung der irredentistischen Ideale, sondern auch die Sorge um die Beherrschung der Adria und die Spaltung des Balkans ... Österreich-Ungarn war nicht gesonnen, die Bedingungen Italiens anzunehmen. Man wußte in Wien, daß es um Sein und Nichtsein ging und blieb gerade deshalb gegenüber den römischen Ansprüchen hartnäckig taub.«

Die westlichen Alliierten handelten indessen: Im Londoner Vertrag vom 26. April 1915 boten die Entente-Mächte Italien für den Fall einer Beteiligung am Krieg gegen Deutschland Südtirol bis zum Brenner, Görz, Triest, Istrien und Dalmatien an; daraufhin erklärte Italiens Regierung gegen die Kammermehrheit ohne förmliche Kündigung des Dreibunds Österreich am 23. Mai 1915 den Krieg. Die Kriegserklärung Italiens gegen das Deutsche Reich folgte ein Jahr später am 28. August 1916.

Im Osten, an der Front der Mittelmächte gegen Rußland, drangen die österreichischen und deutschen Truppen allmählich immer weiter in die Unendlichkeit des russischen Raumes vor. Durchbruchschlacht reihte sich – so schildert es Emil Franzel – an Durchbruchschlacht. »Den Russen gelang es zwar, sich immer wieder ... festzusetzen, aber sie fanden kein Verfahren, ihr Grabensystem gegen die Durchbruchtaktik der Verbündeten zu sichern. Einen Monat nach Gorlice«, das Generaloberst von Mackensen mit General Seeckt als Generalstabschef mit einer Angriffsgruppe, die aus der 6. österreichischen und der 11. deutschen Armee bestand, Anfang Mai 1915 einnahm, wurde Przemysl »von österreichisch-ungarischen und bayerischen Truppen zurückerobert; am 22. Juni 1915 zogen die Österreicher unter dem Jubel der Bevölkerung in Lemberg ein. Am 1. Juli 1915 durchbrachen zwei deutsche Armeen die russische Front im nördlichen Polen; Ende September 1915 verlief die Ostfront – so schreibt Emil Franzel – »in einer beinahe geraden Linie von der Dünamündung über Baranowitschi bis zur rumänischen Grenze... In dem besetzten Gebiet wurden zwei Generalgouvernements eingerichtet«, eines unter deutscher, das andere unter österreichischer Führung.

Sowohl auf deutscher wie auf russischer Seite waren die Verluste an Menschen und Material unverhältnismäßig groß; für die Mittelmächte war »der Ertrag« der Kämpfe nach Ansicht Stegemanns, »nicht ganz so groß wie es der riesenhafte, vielleicht allzusehr aus Raum, Zeit und Kraft geratene Entwurf des Feldzugplanes hatte erwarten lassen. Die Russen waren geschlagen, das westrussische Festungssystem erobert, Rußland nicht mehr fähig, die ganze Masse seines Heeres zum Angriff vorzuführen und in die Abwehr gedrängt, aber die russische Schlachtlinie war nicht der Auflösung verfallen. Sie war in endlosen Kämpfen rückwärts gewälzt worden, ohne daß es den Mittelmächten gelungen wäre, große Heeresteile einzukreisen, zu vernichten und dadurch die ganze Front zum Einsturz zu bringen. So gewaltig der Siegeszug sich ausnahm, der die Armeen Deutschlands und Österreich-Ungarns vom Dunajec über den Bug zum Styr und von der Memel an die Düna geführt hatte, es war wie 1914 im Westen halbe Arbeit. Der Krieg wurde

im Osten erst dann völlig zu Deutschlands und Österreich-Ungarns Gunsten entschieden, wenn Rußland sich besiegt bekannte und den Frieden suchte ... Obwohl dieses Ziel im Spätherbst des Jahres 1915 noch nicht erreicht war, wandten sich die Verbündeten unter dem Zwange der Verhältnisse vom Osten ab, indem sie ihre weit vorgeschobene Wehrstellung als Rückendekkung benutzten, um auf einem dritten Kriegsschauplatz zur Offensive überzugehen – der Angriff auf Serbien war längst im Gange – und nach außen durchzubrechen. Fortan – das heißt seit dem Spätherbst 1915 – »lastete der Fluch des Stellungskriegs, unter dem der Westen schon seit dem 15. November 1914 seufzte, auch im Osten auf der Kriegsführung der europäischen Mächte. Er rief nach vermehrtem Rüstzeug und furchtbareren Angriffsmitteln und begrub die Bewegungsschlacht unter dem Feuerwirbel unzähliger Geschütze« ... Soweit Hermann Stegemann.
Der Übergang zum Stellungskrieg sowohl im Westen wie im Osten und darüber hinaus die wachsende zahlenmäßige Überlegenheit der Gegner Deutschlands an der Westfront ließ die Mittelmächte auf einen Gedanken zurückgreifen, mit dem der deutsche Reichskanzler Bethmann-Hollweg schon im Winter 1914/15 gespielt hatte – auf den Gedanken, den eisernen Ring, der die Mittelmächte umschloß, an seiner offenbar schwächsten Stelle durch die Niederwerfung Serbiens zu durchbrechen und – ich zitiere wieder Stegemann – »in einem strategischen Ausfall großen Stils die unmittelbare Verbindung mit Bulgarien und der Türkei« – die beide auf Seite der Mittelmächte standen – »herzustellen«. Ser-

bien wurde ganz, Montenegro zum größten Teil besetzt; doch zu dem gewünschten strategischen Ausfall großen Stils aus der Umklammerung, von dem Stegemann spricht, kam es nicht. Frankreich und Großbritannien bildeten um Saloniki einen Brückenkopf, der die Mittelmächte um die Früchte ihres Sieges brachte. Die Armeen der Mittelmächte blieben an der Grenze zu Griechenland und Albanien stehen. Die Balkanfront blieb Nebenfront.

Während der Beginn des Ersten Weltkriegs die Länder des Bismarck-Reichs enger miteinander verband, vertiefte er in der Donaumonarchie den Gegensatz zwischen Ungarn einerseits und dem cisleithanischen Österreich andererseits, in dem die slawische Bevölkerung immer mehr ihre Eigenständigkeit betonte, während unter den deutschsprachigen Untertanen des österreichischen Kaisers die Zahl derer wuchs, die mit einer gewissen Sehnsucht auf die schwarz-weiß-roten Grenzpfähle im Westen blickten. Das cisleithanische Österreich sah sich sehr bald zwischen das von Preußen geführte Deutschland und dem nach größerer Eigenständigkeit strebenden Ungarn gestellt. Preußen und Ungarn erschien »in blanker Wehr«; zwischen beiden verlor sich der »Kamerad Schnürschuh« ebenso wie der »brave Soldat Schwejk«.

Der Versuch des Kaisers Franz Joseph, Ungarn durch Gewährung einer Sonderstellung im Vielvölkerstaat für sich und sein Haus zu gewinnen, war im Grunde gescheitert; je mehr an Sonderrechten der Kaiser den Ungarn gewährte, desto stärker wurde der ungarische Wunsch nach völliger Eigenständigkeit. Der Kabinettchef des letzten österreichischen Kaisers, Graf Arthur Polzer-Hoditz, berichtet in seinen Lebenserinnerungen ausführlich sowohl über das österreichisch-ungarische Verhältnis wie über die politische und soziale Lage in Ungarn, die dieses Verhältnis schwer belastete. Das Problem »Ungarn« hatte viele Seiten, die für Österreich – und nicht nur für Österreich – meist Schattenseiten waren. Dabei ist festzustellen, daß die Bevölkerung des Königreichs Ungarn keineswegs ausschließlich aus Magyaren bestand, sondern große und geschlossene Räume im Südosten von Deutschen – Sachsen und Schwaben – und von Rumänen – Walachen – im Südwesten von Kroaten und Slovenen und im Norden von Slovaken besiedelt waren: Im Jahre 1900 war nur für 45,4% – also nicht einmal die Hälfte – der Gesamtbevölkerung Ungarn magyarisch die Muttersprache. 14,5% der Bewohner des Königreichs sprachen als erste Sprache rumänisch, 14,2% serbokroatisch, 11,1% deutsch und 10,5% slovakisch. »Die Agrarzustände waren«, so Graf Arthur Polzer-Hoditz, »nicht mehr vereinbar mit einer gedeihlichen Finanzwirtschaft, mit dem fortschreitenden Bevölkerungszuwachs und mit dem Erwachen des Klassenbewußtseins des landwirtschaftlichen Proletariats. Von 19 Millionen Einwohnern in Ungarn lebten 14 Millionen von der Landwirtschaft; hiervon waren 10 Millionen besitzlos. Hingegen war ein Drittel des nutzbaren Bodens ... zum großen Teil fideikommissarisch gebundener oder kirchlicher Großgrundbesitz in den Händen von kaum 2000 Personen ... Im Jahre 1909 sind an Grundsteuern in Ungarn 69 Millionen Kronen von den kleinen Landwirten und 29 Millionen Kronen von den

Großgrundbesitzern bezahlt worden, obwohl die Letzteren doppelt soviel Grundbesitz hatten.«
Sowohl die nord- wie die südslawischen Landesteile der Doppelmonarchie fühlten sich durch die Sonderstellung der Magyaren benachteiligt – dies um so mehr, als, wie eben dargestellt – ich zitiere wieder Polzer-Hoditz – »die Bestrebungen der Magyaren stets dahin gingen, sich eine weitestgehende Selbständigkeit gegenüber Österreich zu sichern, beziehungsweise zurückzuerobern. Diese Bestrebungen haben allerdings bei dem heißblütigen Volkstemperament nur zu oft Formen angenommen, welche die Loyalität der Nation sehr fragwürdig erscheinen ließ und die offen den Wunsch einer Losreißung aus der verhaßten Gemeinschaft mit Österreich erkennen ließen. Die Geschichte des Verhältnisses Österreich zu Ungarn ist eine nahezu ununterbrochene Kette derartiger mehr oder weniger impetuoser Losreißungsbestrebungen. Sie ist aber auch reich an Episoden, während welcher das stolze Nationalgefühl der Magyaren in Widerspruch geriet zu der ihrem vornehmen Wesen entsprechenden Loyalität«. Soweit Graf Polzer-Hoditz.
Der spätere Kabinettchef und enge Vertraute Kaiser Karls ging soweit, daß er – wie er selbst in seinen Erinnerungen schildert – gelegentlich die Möglichkeit nicht ausschloß, an »die Stelle der großösterreichischen eine großungarische Reichsidee« zu setzen, um »die politische Kraft Ungarns für die Interessen des Gesamtreichs zu gewinnen ...
Um die von den Ungarn während des Kriegs verfolgte Politik richtig zu verstehen, muß« – so Graf Polzer-

Hoditz – »auf einen Umstand ganz besonders hingewiesen werden, darauf nämlich, daß sie in ihren Bestrebungen bei den Deutschen im Reich nicht nur moralische, sondern auch effektive Unterstützung fand«. Unter den sogenannten Alldeutschen, die vor allem in Preußen – und dort wieder vornehmlich im Landadel und im Offizierskorps – viele Anhänger hatten, war – so Graf Polzer-Hoditz – »vielfach die Ansicht vertreten, die historische Entwicklung laufe auf ein vergrößertes Deutsches Reich mit zwei Nebenländern Ungarn und Polen hinaus ... Das Bild, welches man sich in Berlin von Mitteleuropa vielfach machte, entsprach ganz den Wünschen der nach Selbständigkeit ringenden Magyaren; Ungarn erweitert sich nach Süd-Osten, übernimmt die Mission, welche die Gesamtmonarchie hatte, und erhält die vollständige Unabhängigkeit... Österreich hatte aufgehört, seine Geschicke zu lenken. Die politische Walstatt war verödet. Österreich schlief. Deutschland und Ungarn übernahmen die Führung.«
In der zweiten Hälfte des Jahres 1915 gab es nur einen einzigen Kriegsschauplatz, auf dem die österreichische militärische Führung nicht auf die Unterstützung durch den deutschen Bundesgenossen angewiesen war: Es war dies der durch die Kriegserklärung Italiens neu entstandene Kriegsschauplatz in den Alpen und am Isonzo. Mit bewundernswertem Elan stellte sich Österreich dem neuen Gegner. Ich zitiere Heinz Rieder in seinem vortrefflichen Werk über Kaiser Karl: »Buchstäblich aus dem Nichts mußte eine neue Front errichtet werden, Menschen, Waffen, Material, um den Gegner abzuwehren, der für den Anfang 1 Million Mann in den Kampf

schickte und bis zum Kriegsende seinen Einsatz auf fünfeinhalb Millionen steigerte.«

Das Kommando über die österreichischen Truppen, die gegen Italien eingesetzt wurden, erhielt der im Volk und in der Truppe beliebte Erzherzog Eugen. Unter seinem Oberbefehl wurden zwei Armeen gebildet, von denen eine General Viktor Dankl führte. »Zu ihr gehörte das neu aufgestellte 20. Armeekorps, dessen Oberbefehl der Kaiser ... dem zum Generalmajor beförderten Erzherzog-Thronfolger Karl übertrug. Das Korps bestand aus vier Regimentern Tiroler Kaiserjäger, einem oberösterreichischen, einem tschechischen und einem ungarisch-rumänischen Regiment.«

Die Italiener griffen schwerpunktmäßig am Isonzo an. Die österreichischen Truppen leisteten erbitterten Widerstand. »Das Kommando am Isonzo« – so schreibt Emil Franzel – »führte der in Galizien bereits bewährte General Svetozar Boroević, ein Kroate aus altem Grenzergeschlecht, kaltblütig, zäh und tapfer, zu dem die Truppe stärkstes Vertrauen hatte. Der Stellungskrieg am Isonzo war vielleicht noch grauenhafter als der im flandrischen Raum und in der Champagne. In dem Karstboden ließen sich eigentliche Gräben nur schwer anlegen. Oft hatten die Verteidiger nur eine Brustwehr aus Sandsäcken zu ihrem Schutz. Auf der öden Hochfläche von Doberdo, die Triest deckte, gab es kaum Wasser. Der Steinschlag, die Sonnenhitze und oft noch die Vipern ... machten den Kampf und den Aufenthalt im Gelände zur Höllenqual.«

6. KAPITEL

Die Wende im Ersten Weltkrieg – der Opfergang von Verdun

Als das Jahr 1915 zu Ende ging, war der Krieg – wenn nicht ein Wunder geschah – trotz aller taktischen Erfolge der verbündeten Armeen strategisch für die Mittelmächte verloren. Vergeblich versuchte die deutsche Oberste Heeresleitung Anfang 1916, den Stier bei den Hörnern zu packen, durch einen im Februar begonnenen Angriff auf die Festung Verdun einer alliierten Offensive im Westen zuvorzukommen und dabei den Gegner durch Menschen- und Materialverluste so zu schwächen, daß er nicht mehr zu einem entscheidenden Angriff fähig wäre: Von dieser »Ermattungsstrategie« erhoffte man sich, erhoffte sich der Chef der Obersten Heeresleitung, General von Falkenhayn, wenn nicht den Sieg, so doch einen »Verständigungsfrieden« auf der Basis des »status quo ante«.

Im Festungsgürtel von Verdun kam es zu einem blutigen Ringen. Die Kämpfe waren für beide Seiten äußerst verlustreich: Nach Schätzungen fielen im Kampf um die Befestigungsanlage von Verdun 360 000 französische, 335 000 deutsche Soldaten. »Die Schlacht verschlang«, so stellt Graf Peter Kielmansegg in seinem Werk »Deutschland und der Erste Weltkrieg« fest, »nach und

nach alle Reserven« und »beraubte, solange er fortgesetzt wurde, die Oberste Heeresleitung aller Handlungsfreiheit«.
Die französischen Verluste in der Schlacht um Verdun wurden im Laufe der Zeit teils aus den französischen Kolonien, teils durch britische und später durch amerikanische Hilfstruppen ausgeglichen; für Deutschland dagegen bedeutete die Schlacht um Verdun, die über ein halbes Jahr – vom Februar bis zum Juli 1916 – dauerte, eine nicht zu ersetzende personelle und materielle Schwächung. Vergeblich suchte die deutsche Führung die personellen Lücken vor allem in der Rüstungsindustrie seit der Mitte des Jahres 1916 durch Schaffung eines »vaterländischen Hilfsdienstes« und durch Aushebung oder Deportation belgischer Arbeiter – ein verhängnisvoller psychologischer Mißgriff! – auszugleichen.
Die moralische Wirkung der Schlacht um Verdun war auf französischer wie auf deutscher Seite groß: Nicht nur bei der Zivilbevölkerung in der Heimat, sondern auch bei der kämpfenden Truppe – hier vor allem auf französischer Seite – waren die Zeichen einer Kriegsmüdigkeit unübersehbar.
Sowohl der deutsche Angriff auf die Festung Verdun, wie alle anderen Großangriffe der ersten Jahreshälfte 1916, von denen noch zu sprechen sein wird, stellen sich als vergebliche Versuche dar, den Stellungskrieg aufzugeben und zu einem Bewegungskrieg zurückzukehren, in dem allein eine baldige Entscheidung und damit auch ein Ende des Krieges gefunden werden konnte.
Auch Österreich suchte an der italienischen Front im Angriff ein Ende des zermürbenden Stellungskriegs zu

erzwingen; im späten Frühjahr 1916 plante der österreichische Armeeoberbefehlshaber Conrad von Hötzendorf den Übergang vom Stellungs- zum Bewegungskrieg: Er wollte im Angriff aus dem Raum südlich der Dolomiten in Richtung auf Padua – schwerpunktmäßig westlich der Brenta – den entlang des Isonzo aufmarschierten italienischen Armeen in den Rücken fallen. Am 15. Mai 1916 trat eine österreichische Heeresgruppe, zu der auch das vom Erzherzog-Thronfolger Karl geführte 20. Korps gehörte, zum Angriff an und durchbrach schon am ersten Angriffstag die italienischen Stellungen. In raschem Zugriff stießen die österreichischen Truppen aus dem Raum südlich der Dolomiten bis Arsiero und Asiago vor; doch hier wurde die österreichische Offensive durch rasch herbeigeführte starke italienische Kräfte gestoppt. Schwere Verluste und der völlige Mangel von Reserven lähmten den österreichischen Angriff; er kam Ende Mai zum Stehen. Conrad von Hötzendorf mußte seinen Plan der Umzingelung der italienischen Isonzo-Truppen aufgeben und zur Verteidigung übergehen.
Nach dem Scheitern der Offensive südlich der Dolomiten wurde – wie Heinz Rieder berichtet – »der glücklose Oberkommandierende Viktor Dankl seines Kommandos enthoben. Der Erzherzog-Thronfolger Karl erhielt überraschend einen Versetzungsbefehl an die Nordostfront, wo er als General eine Armee übernehmen sollte«. Sein Generalstabschef wurde der deutsche General Hans von Seeckt, nach dem verlorenen 1. Weltkrieg Gründer und erster Oberbefehlshaber der deutschen Reichswehr als eines unpolitischen »Staates im Staate«.

Während im Westen der Kampf um die einzelnen Sperrforts von Verdun tobte, und im Süden an der Front gegen Italien Conrad von Hötzendorf vergeblich den Übergang zum Bewegungskrieg anstrebte, traten an der Ostfront Anfang Juni 1916 die Russen unter Führung des Generals Brussilow in Ostgalizien und in der Bukowina zu einem Großangriff an, dem die Österreicher nicht mehr gewachsen waren. Böhmische und ruthenische Truppenteile der österreichischen Armee liefen bataillonsweise über; die haltlos flüchtenden Reste der österreichischen Armee verloren sich in den Wäldern und Sümpfen Wolhyniens. »Die panikartige Flucht der durchbrochenen österreichischen Fronttruppen ging« – so schreibt Gerhard Ritter – »so schnell vor sich, daß zur Sammlung und Formierung wirksamer Gegenangriffe keine Zeit und Möglichkeit blieb und die österreichische höhere Führung nichts weiter tun konnte als Löcher der Front mit eiligst herangeführten Reserven zu stopfen, so gut es gehen wollte. Bis Ende Juni hatten die Österreicher 200 000 Mann verloren. Nach und nach dehnte sich der Rückzug auf die ganze österreichische Ostfront aus; am folgenreichsten wurde er bei der Südarmee, die im Lauf des Sommers bis auf die Karpatenpässe zurückwich, die Bukowina den Russen preisgab und dadurch die Rumänen zum Eintritt in den Krieg auf Seite der Gegner der Mittelmächte im August 1916 ermutigte.« Zum ersten Mal zeigte sich hier deutlich die Schwäche eines Vielvölkerstaats im Zeitalter des extremen Nationalismus.

Am 24. Juni 1916 – die Mittelmächte standen noch unter dem Eindruck des russischen Sieges in Ostgalizien und in der Bukowina – eröffnete im Westen ein fünftägiges Trommelfeuer unerhörter Wucht auf die deutschen Stellungen beiderseits der Somme eine britisch-französische Offensive, die wohl in erster Linie als Entlastung der Verteidiger der Festung Verdun gedacht, deren Ziel aber darüber hinaus die Zerschlagung der deutschen Verteidigungsstellung an der Somme war; mit letzter Kraft verhinderten die deutschen Truppen den Durchbruch. Die blutige Schlacht an der Somme endete im November 1916, ohne den Alliierten den erwünschten strategischen Erfolg gebracht zu haben; doch die Verluste auf deutscher Seite waren groß.

Im August 1916 hatte der begabte, aber letztlich glücklose Chef der deutschen Obersten Heeresleitung, Erich von Falkenhayn, zurücktreten müssen: Sein Konzept der »Ermattungsstrategie«, die den Sieg bringen sollte, war im Kampf um den Festungsgürtel von Verdun gescheitert. An Falkenhayns Stelle trat der volkstümliche Generalfeldmarschall Paul von Hindenburg; erster Generalquartiermeister wurde der ehrgeizige und rücksichtslose, von sich selbst überzeugte Erich Ludendorff.

Hindenburg und Ludendorff waren als Persönlichkeiten grundverschiedene Charaktere, die sich jedoch ergänzten. Der Ostpreuße Hindenburg war ein aufrechter und pflichtbewußter, einfacher und bescheidener, im Dienst für den König von Preußen ergrauter »Nur-Soldat«, für den Zeit seines Lebens »politisch Lied ein garstig Lied« blieb, klar im Denken und im Handeln bereit, bis zur letzten Konsequenz zu gehen; Er war – last not least – ein gläubiger evangelischer Christ; Ludendorff hingegen, geboren in Kuszewina in der preußischen Provinz

Posen, war ein Mann der plötzlichen Ideen und der mitunter nicht ganz ausgereiften, überraschenden Entschlüsse – 1914 wurde er durch einen Handstreich auf die Zitadelle von Lüttich bekannt – er war von sich selbst überzeugt, ehrgeizig und rücksichtslos, ein Gegner des Christentums, das er wegen seines »jüdischen Ursprungs« ablehnte, führender Vertreter einer »deutsch-germanischen« Religionsgemeinschaft. Sowohl Hindenburg wie auch Ludendorff glaubten – beide im Osten Norddeutschlands geboren und verwurzelt –, daß der Krieg letztlich nicht im Westen, sondern im Osten, an der Front gegen Rußland, entschieden werde.

Zum Unterschied von Hindenburg war Ludendorff von seinem eigenen Können und der Richtigkeit seiner Auffassungen – nicht nur auf militärischem Gebiet – voll überzeugt; er duldete keinen Widerspruch.

Der Rücktritt Falkenhayns und die Übernahme der Obersten Heeresleitung durch Hindenburg bedeutete eine Absage an das Konzept der »Ermattungsstrategie«; an die Stelle der ursprünglichen Ermattungsstrategie trat vor allem unter dem Einfluß Ludendorffs im Westen eine neue Doppelstrategie, die man als Strategie »der Bewegung« oder »des Raumes« bezeichnen könnte, denn sie sah einerseits einen Verteidigungsraum anstelle der bisherigen Verteidigungslinie vor, d. h. einen Raum, in dem sich jeder feindliche Angriff totlaufen sollte, ohne daß die ganze Front ins Wanken geriet, andererseits aber sollte durch geballte und tiefgegliederte Angriffe – bald an der einen, bald an der anderen Stelle – der Gegner nicht zur Ruhe kommen: An die Stelle einer geschlossenen Ermattungsstrategie trat damit eine Vielzahl von »Ermattungsoperationen«, sowohl in der Verteidigung wie im Angriff. Diese Operationen konnten ihrem Wesen nach nicht zu einem deutschen »Endsieg« im Westen führen; sie »ermatteten« – rückschauend gesehen – die deutschen Truppen mehr als die des Gegners.

Nach Kriegsbeginn war es den Deutschen im Westen nicht gelungen, zu Lande in einem schnellen, harten Schlag Frankreich auszuschalten, bevor Großbritannien bereit war, einzugreifen; als die deutsche Führung dies erkannte, plante sie zur See mit Hilfe der Unterseebootwaffe Großbritannien zu isolieren.

Das Unterseeboot war von dem bei Kriegsbeginn geltenden Seekriegsrecht noch nicht erfaßt worden: Als die auf der Londoner Seerechtskonferenz 1908 und 1909 erarbeiteten Verträge ratifizierungsbereit vorlagen, gab es noch keine Unterseebootwaffe. Erst vor Beginn des Ersten Weltkriegs wurden von Deutschland und von Großbritannien im Seekrieg einsatzfähige Unterseeboote in den Dienst gestellt; dabei war der deutsche Typ des Unterseeboots dem britischen überlegen.

»Als der Krieg ausbrach«, so schreibt Graf Peter Kielmansegg, »richteten die USA, von allen Neutralen am Seehandel am stärksten interessiert, an die kriegführenden Mächte sogleich die Frage, ob sie die Londoner Deklarationen von 1909 als Kodex für den Handelskrieg anzuerkennen bereit seien. Die Mittelmächte bejahten diese Frage unter der Voraussetzung der Gegenseitigkeit. Die alliierte Antwort lautete, wenn auch unter Vorbehalten, ebenfalls positiv. Sehr bald zeigte sich, daß England alle Möglichkeiten, die ihm seine Seeherrschaft bot, zu nutzen entschlossen war, ohne sich durch das Völkerrecht die Hände binden zu lassen.«

Es gelang der englischen Seekriegsführung, gegen Deutschland eine wirksame »Hungerblockade« zu errichten, deren Vereinbarkeit mit dem geltenden Völkerrecht fragwürdig war, die aber geeignet schien, Deutschland, das sich auf die Dauer nicht selbst ernähren konnte, in die Knie zu zwingen.

Schon frühzeitig erwog die deutsche Führung, die Überlegenheit der deutschen Unterseebootwaffe auszunutzen, um ihrerseits eine wirksame Blockade gegen England durchzuführen; wie der Angriff auf die Befestigungsanlagen von Verdun Frankreich auf dem Festland so treffen sollte, daß es den Krieg nicht mehr erfolgreich fortsetzen konnte, so sollte zur See ein unbeschränkter Einsatz der U-Boot-Waffe Großbritannien in gleicher Weise schwächen und schließlich zum Nachgeben zwingen. Ein »unbeschränkter Unterseebootskrieg« sollte der Ermattung des Gegners dienen; sein Ziel war es, Großbritannien weitestgehend sowohl vom europäischen Festland als auch von den Vereinigten Staaten von Amerika zu isolieren: Großbritannien sollte – so forderten die Alldeutschen und so hoffte die neue Heeresleitung – vom Festland getrennt »im eigenen Saft schmoren«. Ende 1916 entschloß sich die deutsche Führung – nicht zuletzt unter dem Einfluß der Obersten Heeresleitung, insbesondere Ludendorffs – unter Rückstellung aller völkerrechtlichen Bedenken zu einem »rücksichtslosen U-Boot-Krieg«, der ohne Vorankündigung schlagartig am 1. Februar 1917 einsetzen sollte. Bethmann-Hollweg war ein Gegner dieses Plans; doch er gab nach. Er erklärte, daß er die Verantwortung für eine Ablehnung dieses verschärften U-Boot-Kriegs gegen den Rat der militärischen Sachverständigen nicht übernehmen könne. »Nichts hat«, so stellt Gerhard Ritter fest, »dem Ansehen des Staatsmanns Bethmann-Hollweg«, später, nach dem Fehlschlag der großen U-Boot-Offensive, so geschadet wie die Tatsache, daß er den Triumph des Militärs über seine Politik nicht sofort mit der Forderung seines Abschieds beantwortet hat«; doch er »betrachtete das Abschiednehmen als eine Art von Fahnenflucht, ein Sichdrücken von der Mitverantwortung für den Ausgang des Krieges«.

Der am 9. Januar 1917 beschlossene Befehl »zur warnungslosen Versenkung jedes nach oder von England und Frankreich fahrenden Schiffs vom 1. Februar an« wirkte auf den amerikanischen Präsidenten Wilson, der noch bis Ende Januar auf einen Verständigungsfrieden gehofft hatte, wie ein Peitschenschlag. Die Stimmung in der amerikanischen Bevölkerung wurde einheitlich antideutsch. Am 12. März 1917 kündigten die Vereinigten Staaten die Bewaffnung ihrer Handelsschiffe an; am 6. April 1917 billigte der Kongreß der Vereinigten Staaten den Eintritt der USA in den Krieg auf der Seite der westlichen Alliierten. Seit Beginn des Sommers 1917 kämpfte ein amerikanisches Expeditionsheer unter Führung des Generals J. Pershing auf seiten der Alliierten in Nordfrankreich.

War – solange Falkenhayn Chef der Obersten Heeresleitung war – das Verhältnis der militärischen Führung zur Reichsregierung, an deren Spitze immer noch Bethmann-Hollweg stand, aufbauend auf dem Gedanken einer Gewaltenteilung, von gelegentlichen Meinungsverschiedenheiten abgesehen, ein reibungsloses und gutes, so änderte sich dies in dem Augenblick, in dem Hindenburg die Oberste Heeresleitung übernahm und die Verbindung zur zivilen Führung weitestgehend Ludendorff überließ. Es lag im Wesen Ludendorffs, daß er sich nicht nur auf die Erfüllung der militärischen Aufgaben beschränkte, die ihm in seiner Stellung in der militärischen Führung übertragen worden waren; er ging von der Überzeugung aus, daß in einem Krieg dem Willen der militärischen Führung auch die Erfüllung der Aufgaben der zivilen Führung unterzuordnen seien. Dieser Gedanke Ludendorffs führte sehr bald zu einer unüberwindbaren Spannung zwischen militärischer und ziviler Führung. Auf Druck der Obersten Heeresleitung wurde Bethmann-Hollweg am 17. Juli 1917 entlassen.

Die hochfliegenden annexionistischen Pläne Ludendorffs fanden bei der Masse der Bevölkerung kaum Widerhall; nur die »Alldeutschen« machten sie sich zu eigen.

Je näher der dritte Kriegswinter rückte, desto mehr sank – von den Alldeutschen abgesehen – die Stimmung in der Bevölkerung. Die militärische Führung wurde seit dem Sommer 1916 – wie Ritter schreibt – »zu einem mühsamen und unerfreulichen Geschäft des Hin- und Herschiebens abgekämpfter Divisionen und Regimenter«. Die Niederwerfung Rumäniens im Spätherbst 1916 konnte über die schwierige militärische Lage der Mittelmächte nicht hinwegtäuschen: Der Balkan – zu dem Rumänien zu rechnen war – blieb Nebenkriegsschauplatz.

Mit der Dauer des Krieges und der allmählich wachsenden Erkenntnis, daß es den Mittelmächten nicht gelingen werde, den eisernen Ring, der sie immer fühlbarer umspannte, zu brechen, wuchs der Gegensatz zwischen Deutschland und Österreich. Von deutscher Seite wurde mit Verbitterung festgestellt, daß Österreich-Ungarn in der Kriegführung sich immer mehr auf die Hilfe des Deutschen Reiches verlasse und daß Österreich ohne deutsche Hilfe längst von der russischen »Dampfwalze« überrollt worden wäre. Am 6. September 1916 – wenige Tage nach dem Rücktritt Falkenhayns – kam eine Vereinbarung zwischen dem deutschen Reich, Österreich-Ungarn, Bulgarien und der Türkei zustande, wonach dem deutschen Kaiser – und in seiner Vertretung dem Chef des deutschen Generalstabs – die oberste Leitung aller militärischer Operationen der verbündeten Mächte übertragen wurde. »Bereits Falkenhayn hatte« – worauf Graf Peter Kielmansegg in seinem Werk über »Deutschland und der Erste Weltkrieg« ausdrücklich hinweist – »unterstützt von der bulgarischen und der türkischen Heeresleitung, nachdrücklich auf die Institutionalisierung eines gemeinsamen Oberbefehls gedrängt. Österreich hatte zunächst gezögert und darauf verwiesen, daß keine Heeresleitung im Konfliktfall gegen das Interesse ihres eigenen Staates handeln könne; aber die militärische Lage im Osten, welche die Schwäche der Doppelmonarchie nur zu deutlich machte, hatte schließlich zur Nachgiebigkeit gezwungen.«
In den ersten beiden Kriegsjahren hatten die Mittelmächte nahezu das ganze frühere Kongreßpolen besetzt. Der größere nördliche Teil des Okkupationsgebiets

wurde als »Generalgouvernement« von Deutschland verwaltet; der Generalgouverneur war unter Umgehung des »Oberkommandos Ost« unmittelbar dem deutschen Kaiser unterstellt. Der kleinere südliche Teil des besetzten Kongreßpolens stand als »Gouvernement Lublin« unter österreichisch-ungarischer Verwaltung.
Diese Teilung Kongreßpolens konnte nur eine kriegsbedingte Zwischenlösung sein; von vornherein stand fest, daß spätestens nach Kriegsende die Einheit Kongreßpolens wiederhergestellt werden müsse. Im Herbst 1916 einigten sich die Mittelmächte darauf, schon während des Krieges die beiden Besatzungszonen zu einem selbständigen polnischen Staatswesen zusammenzuschmelzen. Sie erhofften damit im Osten einen entscheidenden politischen Erfolg zu erzielen, nachdem ihnen im Westen der militärische Erfolg mehr und mehr versagt blieb. So erging denn – ich zitiere wieder aus dem hervorragenden Werk des Historikers Graf Peter Kielmansegg – am 5. November 1916 »im Namen der beiden Generalgouverneure eine feierliche Proklamation, in der den ehemals russischen Polen die Errichtung eines selbständigen Staates mit der Verfassung einer erblichen Monarchie für die Zeit nach dem Kriege zugesagt wurde. Die genaue Festlegung der Grenzen blieb späteren Entschlüssen vorbehalten, die enge Verbindung des zukünftigen Staates mit den Mittelmächten wurde gleichsam als ein Grundgesetz verkündet«. Die Hoffnung durch die Proklamation vom 5. November 1916 einerseits einen Pufferstaat zwischen Rußland und den Mittelmächten zu schaffen, andererseits Unterstützung in der immer schwieriger werdenden Personallage

durch polnische Freiwilligenverbände zu finden, erfüllte sich nicht.
»Es warf einen tiefen Schatten auf diese Proklamation«, so stellt Kielmansegg fest, »daß schon vier Tage später, am 9. November 1916, ein Aufruf zur Werbung polnischer Freiwilliger erlassen wurde ... Das bloße Versprechen zukünftiger Staatlichkeit sollte«, aus der Sicht der Mittelmächte gesehen, »genügen, um eine polnische Freiwilligenarmee ins Leben zu rufen, eine Armee, deren Aufstellung keineswegs Sache eigener polnischer Behörden sein sollte. Es war ausgeschlossen, dafür die Unterstützung der polnischen Parteien zu finden. Der Fehlschlag war nach wenigen Tagen offenkundig. Bis April 1917 meldeten sich nicht mehr als 4700 Mann« zum Eintritt in eine polnische Armee.
Die Grenzen des geplanten polnischen Staats lagen nicht fest; die oberste Staatsgewalt wurde zunächst noch von den Besatzungsmächten – in erster Linie von Deutschland – ausgeübt. Erst zehn Monate nach der Proklamation des neuen Staates durch die bisherigen Besatzungsmächte wurde – so berichtet Kielmansegg – »durch einen Erlaß vom 12. September 1917 ... ein dreiköpfiger Regentschaftsrat berufen, ein erstes kollektives Staatsoberhaupt, das auf die geplante monarchische Lösung vorauswies; gleichzeitig gingen weitere Kompetenzen auf die polnischen Staatsorgane über. ... Daß der Aufbau des polnischen Staates nicht stetig und sichtbar fortschritt, wog um so schwerer, als den Polen im Laufe des Jahres 1917 immer klarer bewußt wurde, daß es Lösungen der polnischen Frage gab, die weit vielversprechender waren als das Zusammengehen mit den Mittelmächten.«

Über die politische Zukunft des proklamierten neuen polnischen Staates herrschte bei den Mittelmächten alles andere denn Einigkeit: In Deutschland wurde sehr bald – vor allem von Seiten der Alldeutschen – die Forderung laut, ganz Kongreßpolen unter Gewährung einer begrenzten Autonomie dem Deutschen Reich anzugliedern. Daneben hörte man in Deutschland sehr bald auch Stimmen, die ganz Kongreßpolen an Österreich-Ungarn angeschlossen sehen wollten; als Gegenleistung für den Verzicht Deutschlands auf Kongreßpolen sollte Österreich-Ungarn in militärischer, politischer und wirtschaftlicher Abhängigkeit mit Deutschland verbunden werden, so daß schließlich die Mittelmächte einen einzigen großen Wirtschaftsraum – geschützt durch eine einheitliche Militärmacht – bilden könnten. In Österreich-Ungarn fanden all diese Pläne wenig Anklang; Ungarn fürchtete zudem, bei ihrer Verwirklichung seine Sonderstellung im österreichischen Vielvölkerstaat zu verlieren. Auch in Polen selbst waren die Ansichten über die Zukunft des Landes geteilt: Die Mehrheit des polnischen Volkes – vor allem die Linke – hatte eine politische Lösung des polnischen Problems erwartet, die die Entscheidung über die Form und den künftigen Weg des neuen Staats dem polnischen Volk überließ. Einer der Führer der Linken, Józef Pilsudski, der seit 1914 zunächst auf österreichischer Seite als Kommandeur der 1. Brigade der sogenannten polnischen Legion am Krieg gegen das zaristische Rußland teilgenommen hatte, wandte sich enttäuscht von den Mittelmächten ab, weil sie Polen als ein »Königreich« ohne König und als einen »Staat« ohne Souveränität proklamiert hatten. Die sogenannten Nationaldemokraten hofften nach wie vor auf Rußland; ein Teil der bürgerlichen Mitte erwartete Hilfe von der westlichen Entente. Die von den Mittelmächten erwartete Zustimmung des größten Teils der polnischen Bevölkerung zu einem mit Deutschland und Österreich zwangsweise »verbündeten« Staat blieb aus. Die meisten Polen reagierten auf den Schachzug der Mittelmächte schon deshalb kühl, weil Preußen nicht bereit war, auf seine Erwerbungen bei den drei Teilungen Polens im 18. Jahrhundert zu verzichten.

Die Alliierten nutzten die Enttäuschung der Polen: Sie unterstützten 1917 die Bildung eines polnischen Nationalkomitees, dessen Ziel es war, ein unabhängiges Polen in den Grenzen von 1771 als Republik zu errichten – ein Ziel, das sie im Spätherbst 1918 weitgehend erreichten. Die Wiedergeburt Polens unter den Fittichen der Mittelmächte 1916 wurde zu einem erfolglosen Schlag ins Wasser; der Versuch der Mittelmächte, an das polnische Nationalgefühl zu appellieren, war gescheitert.

An sich hatte der 1. Weltkrieg die nationalen Strömungen verstärkt, die schon vor Kriegsausbruch überall sichtbar und für die erste Hälfte des 20. Jahrhunderts kennzeichnend geworden waren; man könnte von einer durch den 1. Weltkrieg hervorgerufenen nationalistischen Explosion in ganz Europa sprechen. Diese Explosion ließ den Vielvölkerstaat Österreich in seinen Grundfesten erbeben. Nicht nur Deutsche und Ungarn sondern auch Tschechen, Slowaken und Polen, Kroaten und Slowenen drängten nach politischer Anerkennung ihrer nationalen Besonderheit; für einen Vielvölkerstaat war kein Platz mehr. Österreich-Ungarn wurde in den ersten Jahren des 1. Weltkriegs nur noch durch die Symbolfigur des Kaisers Franz Joseph zusammengehalten, den alle Völker seines Reiches achteten. Franz Joseph repräsentierte bis zu seinem Tod die Einheit der in allen Fugen erschütterten Donaumonarchie, die im Herbst 1916 – kurz vor dem Tod des alten Kaisers – zwei ihrer bedeutendsten Repräsentanten verlor. Am 21. Oktober 1916 wurde der Ministerpräsident Graf Stürgkh ermordet; am 1. November 1916 starb sein bedeutendster Vorgänger im Amt, Fürst Franz Thun-Hohenstein. Beide Staatsmänner erscheinen heute in gewissem Sinn als Wegbereiter ihres Kaisers auf dem Gang in die Ewigkeit. Am 21. November 1916 verschied Kaiser Franz Joseph im 69. Regierungsjahr. Er hinterließ seinem Nachfolger ein schweres Erbe. Im Alter von 29 Jahren übernahm Erzherzog Karl das höchste Amt der Donaumonarchie – das eines Kaisers von Österreich zusammen mit der Anwartschaft auf den ungarischen Königsthron – und er übernahm es mit dem gleichen Pflichtgefühl und mit dem gleichen Ernst, aber auch mit dem gleichen Gottvertrauen, mit dem er in den vorhergehenden Monaten und Jahren die militärischen Stellungen, die ihm übertragen worden waren, auszufüllen versucht hatte. Es kam ihm nicht auf die Würde an, die jeweils ein Amt verlieh, sondern um die Erfüllung der Pflichten, die mit diesem Amt verbunden waren. Karl war sich als Kaiser der Verantwortung, die er den Völkern Österreich-Ungarns gegenüber übernahm, ebenso bewußt, wie er als General sich der Verantwortung für die Soldaten bewußt gewesen war, die ihm jeweils unterstellt gewesen waren. Als militärischer Führer hatte er sein Amt so wahrzunehmen versucht, wie es einem gewissenhaften Befehlshaber gebührt; das gleiche Pflichtbewußtsein erfüllte ihn als Kaiser seinen Untertanen gegenüber. Das sogenannte »Gottesgnadentum« war für ihn keine Auszeichnung, sondern Pflichterfüllung Gott gegenüber, an den er in tiefer Inbrunst glaubte und auf den er vertraute. Der Satz aus dem Vater unser »Dein Wille geschehe« war das letzte, was er am 1. April 1922 vor seinem Tod in der Verbannung sprach.

Die Unterwerfung unter Gottes Willen verband Kaiser Karl eng mit seiner Frau, der Kaiserin Zita. Nach allem, was wir heute darüber wissen – und die Zahl der Bücher, die sich mit dem Leben und der politischen Zielsetzung des letzten österreichischen Kaiserpaars befassen, ist Legion – war die Ehe dieses Kaiserpaars in jeder Hinsicht vorbildlich: Sie war – bei der tiefen Religiosität des Kaisers und der Kaiserin kein Wunder – eine echte Ehe im christlichen Sinn. Die Kaiserin stützte den Kaiser, sobald er bei Erfüllung seiner schweren Aufgabe dieser Stütze bedurfte; sie mischte sich aber niemals als ungebetene Beraterin in das Handeln und Unterlassen des Kaisers ein. Das Bild des »schwachen Kaisers« und der »herrschsüchtigen Kaiserin«, das einzelne Schriftsteller zeichnen zu müssen glaubten, ist unrichtig und verlogen. Kaiser Karl war alles andere denn schwach; er verstand es, seinen Willen, wo immer es nur möglich war, durchzusetzen. Die Kaiserin unterstützte ihn, soweit es in ihren Kräften stand; sie hielt in jeder Hinsicht und in jeder Frage treu zu ihrem Mann.

Kaiser Karl sah, als er die Regierung übernahm, klar die Fülle von Problemen, die es in einer Zeit, die ein hemmungsloser Nationalismus charakterisierte, in einem Vielvölkerstaat zu lösen gab – angefangen von der aus der Sicht gerade dieser Zeit unbegründeten Sonderstellung Ungarns über den längst überfälligen Anschluß Dalmatiens an Kroatien, über den Antagonismus zwischen Südslawen und Magyaren bis hin zur ungelösten böhmischen, polnischen und ruthenischen Frage und dem Problem der Sachsen, Schwaben und ungarländischen Rumänen in Siebenbürgen und – vice versa – der Trentiner und Ladiner in Tirol. All diese Probleme harrten dringend der Lösung – und diese Lösung war während eines Krieges, der von allen, die an ihm teilnahmen, das Letzte verlangte, nicht möglich. Die Donaumonarchie brauchte, um zu überleben, den Frieden, einen baldigen Frieden. Als dem jungen Kaiser am Tag nach dem Tod seines Vorgängers und Großonkels, der nach der Ermordung des Grafen Stürgkh vom alten Kaiser ernannte und bis zur Amtsübergabe an den von Kaiser Karl zu bestimmenden Nachfolger noch amtierende Ministerpräsident Ernest von Koerber – ein Mann des Kompromisses – ein von ihm entworfenes, eher farbloses Manifest »An meine Völker« vorlegte, fügte der junge Kaiser in das Manuskript einen Satz ein, der aufhorchen ließ: »Ich will alles tun, um die Schrecknisse und die Opfer des Krieges in ehester Frist zu bannen und die schwer vermißten Segnungen des Friedens meinen Völkern zurückzugewinnen, sobald es die Ehre unserer Waffen, die Lebensbedingungen meiner Staaten und ihrer treuen Verbündeten und der Trotz unserer

Feinde gestatten werden«. Die »Segnungen des Friedens« seinen Völkern wieder zu verschaffen, war die Leitlinie der Politik des jungen Kaisers; diesem Ziel ordnete er jedes andere unter – auch die Möglichkeit eines Sieges, an die er allerdings nicht mehr glaubte. Vom ersten Tag seiner Regierung an war Kaiser Karl bereit, für einen baldigen Frieden jegliches Opfer zu bringen.

Als Erzherzog-Thronfolger hatte der spätere Kaiser im 1. Weltkrieg seine Pflicht als Soldat erfüllt. Er hatte gegen die Feinde Österreichs gekämpft – aus Pflichtgefühl und aus Liebe zu Österreich, nicht aus Haß gegen Österreichs Feinde. Haß war ihm seinem ganzen Wesen nach fremd. Aus Liebe zu Österreich wünschte er 1916 in ehester Frist den Frieden; für den Frieden zu arbeiten, hielt er für seine Pflicht. In dieser Einstellung stand er keineswegs allein; Mit dem Herannahen des dritten Kriegswinters war überall – bei Freund und Feind – eine gewisse Kriegsmüdigkeit festzustellen. In Österreich-Ungarn war diese Kriegsmüdigkeit mit einer zunächst nur geistigen Auflehnung der slawischen Völker der Donaumonarchie gegen die Vorherrschaft der Deutschen und der Ungarn verbunden, einer Auflehnung, die jederzeit zur offenen Revolte führen konnte. Nur wer diese Tatsache erkennt, wird das Handeln des jungen Kaisers richtig verstehen und gerecht beurteilen können. Es ging Kaiser Karl nicht um Machtexpansion, nicht – wie dem deutschen Kaiser – um das Erringen einer Weltmachtstellung, sondern nur um die Erhaltung der Donaumonarchie, sei es auch nur als ein unter einer monarchischen Spitze zusammengefaßter Staatenbund. Zu Beginn des dritten Kriegsjahres kämpfte das Deutsche Reich noch um eine führende Stellung in einem zu bildenden, über den Atlantik reichenden Staatensystem, Österreich-Ungarn nur noch um sein Überleben.

7. KAPITEL

Sixtus von Parma

Der Vater der jungen Kaiserin Zita, Robert von Bourbon, war 1854 als sechsjähriges Kind unter der Regentschaft seiner Mutter seinem von Aufständischen ermordeten Vater als Herzog von Parma gefolgt; als Elfjähriger mußte er 1859 das Land, dessen Herzogtitel er trug, verlassen; er floh mit seiner Mutter nach Wien, wo er unter der Obhut des Bruders seiner Mutter, des Grafen von Chambord, aufwuchs. Für die bourbonischen Legitimisten war der Graf von Chambord als Heinrich V. rechtmäßiger König von Frankreich.

Robert von Bourbon-Parma war zweimal verheiratet; das erste Mal mit einer Prinzessin von Bourbon-Sizilien, das zweite Mal, zwei Jahre nach dem Tod seiner ersten Frau, mit einer Tochter Dom Miguels von Portugal, deren Mutter eine Prinzessin zu Löwenstein – also eine Deutsche – war. Aus seinen beiden Ehen hatte Robert von Bourbon-Parma eine große Anzahl von Kindern, von denen nach Ende des 1. Weltkriegs noch siebzehn am Leben waren. Die Familie wohnte bis 1914 den größeren Teil des Jahres über in Österreich; fast jedes Jahr verbrachte sie einige Monate in Pianore, einem Landsitz der Herzöge von Parma in der Nähe von Lucca, der der

Familie bei der Vertreibung aus Italien verblieben war. Die älteste Tochter Roberts von Bourbon-Parma, Maria Antonia, heiratete am 20. April 1893 Ferdinand von Sachsen-Coburg-Gotha-Koháry, der am 7. Juli 1887 von der bulgarischen Nationalversammlung im Alter von 26 Jahren als Nachfolger des gestürzten Fürsten Alexander von Battenberg zum erblichen Fürsten von Bulgarien gewählt worden war; sie war 22 Jahre älter als ihre Schwester Zita, die spätere Kaiserin von Österreich.
Von den acht Brüdern der Kaiserin Zita dienten drei in der österreichisch-ungarischen Armee; zwei andere Brüder der späteren Kaiserin hatten Töchter des französischen Hochadels geheiratet: Sixtus Hedwig de la Rochefoucauld aus dem Hause der Herzöge von Doudeauville, Xavier Madeleine de Bourbon-Lignières aus dem Hause der Vicomtes de Busset. Diese beiden Brüder stellte der Ausbruch des 1. Weltkriegs vor eine schwere Entscheidung: Während drei der Söhne Roberts von Bourbon-Parma als österreichische Offiziere bereit waren, auf Seite der Mittelmächte zu kämpfen, schwankten Sixtus und Xavier von Bourbon-Parma, ob sie sich als Royalisten auf österreichischer – und damit zwangsläufig auch auf deutscher – Seite oder als Mitglieder des Hauses Bourbon auf französischer Seite – und damit für das Land, aus dem ihre Ehefrauen stammten, aber auch für die Republik, die die Bourbonen verfemte –, am plötzlich ausgebrochenen Krieg beteiligen sollten.
Erst gegen Mitte August 1914 entschlossen sie sich endgültig, auf Seite Frankreichs zu kämpfen, das schließlich die Heimat nicht nur ihrer Ehefrauen, sondern auch ihrer eigenen Vorfahren war. Ein heute nicht mehr

nachprüfbares Gerücht wollte in den ersten Monaten des 1. Weltkriegs wissen, daß Xavier von Bourbon-Parma sich in den letzten Julitagen des Jahres 1914 bereit erklärt habe, wie drei seiner Brüder in österreichische Dienste zu treten, falls ihm zugesichert würde, daß er nur im Kampf gegen Serbien eingesetzt werde; doch Kaiser Franz Joseph konnte und wollte eine solche Ausnahmegenehmigung für den Schwager seines Thronfolgers nicht geben.

Ein damals noch geltendes Gesetz der französischen Republik verbot es Mitgliedern des Hauses Bourbon, in der Armee der Republik zu dienen. Sixtus und Xavier traten deshalb zunächst in die belgische Armee ein, ein Schritt, bei dem die Empörung über die Verletzung der belgischen Neutralität durch Deutschland mitgespielt haben mag.

Während des 1. Weltkriegs rissen die Beziehungen innerhalb des katholischen Hochadels in Europa nie ganz ab; auf allen möglichen Wegen – vor allem über die Schweiz und über den Vatikan – wurde ein lockerer Verkehr von Familie zu Familie, von Vetter zu Vetter trotz des Krieges, in dem man seine Pflicht der Heimat gegenüber in der Regel als Offizier bis zum Letzten erfüllte, aufrechterhalten.

Es war daher keineswegs ungewöhnlich, keineswegs sensationell, wenn die Brüder der jungen Kaiserin, die auf seiten Frankreichs dienten, mit ihrer Schwester auch im Krieg Verbindung suchten, zumal der Wille zu einem europäischen Frieden und die Ablehnung der Selbstzerfleischung Europas sie geistig nicht nur mit ihrer Schwester, sondern auch mit ihrem Schwager verband.

Vergeblich versuchten Sixtus und Xavier von Bourbon-Parma ihre Schwester Zita für den Gedanken zu gewinnen, Österreich möge sich von dem von Bismarck geschaffenen Deutschen Reich, das von Preußen repräsentiert und politisch geführt werde, als Bundesgenossen trennen; die Erzherzogin Zita antwortete dieser Aufforderung klar abschlägig.

Andererseits begegneten sich schon im ersten Kriegsjahr die Meinungen des Erzherzog-Thronfolgers und seines Schwagers, des Prinzen Sixtus, – worauf Graf Polzer-Hoditz, der Kabinettchef des Erzherzogs und späteren Kaisers, verweist – obgleich sie seit dem Kriegsausbruch in einander feindlichen Lagern standen, in einem Punkt: »Ein Anwachsen der preußischen Militärmacht war« – so Polzer-Hoditz – »bedrohlich in gleicher Weise für die Sicherheit Frankreichs wie für die Selbständigkeit des Habsburgerreichs. Wie Prinz Sixtus als Franzose in dem Zusammengehen der Monarchie mit dem Deutschen Reich eine Stärkung der feindlichen preußischen Macht erblickte, so besorgte Erzherzog Karl – und gewiß mit vollem Recht – daß das deutsche Bündnis im günstigsten Fall eines Siegs der Mittelmächte sich, wenn auch nicht formell, so doch tatsächlich in ein Vasallenverhältnis der Habsburger zu den Hohenzollern, Österreichs zu Deutschland, umwandeln und zu einer Vergewaltigung der nichtdeutschen Nationen in der Monarchie führen werde. Prinz Sixtus sah in der Erhaltung und Stärkung eines nicht an Deutschland gebundenen Österreich ein natürliches Interesse Frankreichs. Erzherzog Karl sah in diesem Interesse einen Vorteil, durch dessen Ausnützung er das Reich, dessen Erbe er war, in der bedrohten

Existenz und Selbständigkeit schützen zu können meinte.«
Prinz Sixtus von Bourbon-Parma – der mit seinem Bruder Xavier nach dem Übertritt zu den Westmächten zunächst im belgisch-französischen Sanitätsdienst tätig war – kämpfte nicht so sehr für den Sieg der Westalliierten als vielmehr vor allem für einen baldigen Frieden ohne Annexionen und Kriegsentschädigungen. Im Weihnachtsurlaub 1914, den Prinz Sixtus im damals noch neutralen Italien auf dem Besitz seiner Familie in Pianore verbrachte, richtete er an Papst Benedikt XV., der Ende August 1914 die Nachfolge des heiligen Pius X. auf dem Stuhl Petri angetreten hatte, ein längeres Schreiben, das er dem Papst im Januar 1915 zukommen ließ. Sixtus ging in dieser Note von dem Gedanken aus, daß Österreich mit den Westmächten einen Sonderfrieden abschließen könne; die Westmächte führten – so meinte Sixtus – im Grunde nur gegen das Deutsche Reich – und gegen Österreich nur wegen seines Bündnisses mit diesem Reich – Krieg. Rußland sei Österreich gegenüber zwar unerbittlich; doch England zeige Interesse am Abschluß eines Sonderfriedens mit Österreich; auch Frankreich sei nach den deutschen militärischen Anfangserfolgen einem solchen Schritt sicher nicht abgeneigt. Einen solchen Sonderfrieden könne aber nur der Heilige Vater als einzige Instanz, die keine machtpolitischen, sondern nur religiöse und sittliche Ziele verfolge, vermitteln. Es gelte, Österreich als die einzige katholische Großmacht vor dem Untergang zu bewahren und zu verhindern, daß Österreich vom Verbündeten zum Vasallen Preußens werde. Wie man in Berlin über

Österreich denke, zeige ein Ausspruch des kaiserlich deutschen Botschafters beim Quirinal, von Flotow: »Wir schleppen einen Kadaver mit herum.«
Am 25. März 1915 empfing daraufhin Papst Benedikt XV. den Prinzen Sixtus von Bourbon-Parma zu einer längeren Privataudienz; was dabei besprochen wurde, ist bis heute unbekannt und wird für immer unbekannt bleiben. Die Intervention des Prinzen Sixtus blieb dagegen auf die Dauer weder dem deutschen Auswärtigen Amt noch der deutschen Presse verborgen; sie trug wesentlich zu der mit der Dauer des Krieges ständig steigenden Spannung zwischen den »Alldeutschen«, deren Zahl im Lauf des Krieges vor allem in Preußen mehr und mehr wuchs, und die die Fortsetzung des Krieges bis zum »Endsieg« forderten, einerseits, und der Masse der katholischen Politiker im Reich andererseits bei.
Am 15. Oktober 1916, zu Beginn des dritten Kriegsjahres, kam es zu einem Gespräch des Prinzen Sixtus von Bourbon-Parma mit dem fast 88jährigen ehemaligen französischen Ministerpräsidenten Charles de Freycinet, der dem damaligen französischen Kriegskabinett als Minister ohne Geschäftsbereich angehörte. Beide Gesprächspartner waren von der Notwendigkeit einer baldigen Beendigung des Krieges für Europa und vor allem für den Fortbestand Österreich-Ungarns überzeugt. Frieden – ja; doch zu welchen Bedingungen? Prinz Sixtus von Bourbon-Parma betonte, daß Österreich nicht an einem Verbleib Elsaß-Lothringens bei Preußen-Deutschland interessiert sei; Österreich-Ungarn kämpfe um seine Existenz, die bedroht sei, nicht für den Sieg eines von Preußen geführten Deutschlands. Das Habs-

burgerreich müsse Europa erhalten bleiben, gegebenenfalls auch auf Kosten der Hohenzollernherrschaft in Deutschland; Italien schließlich dürfe nicht Herr aller Adriahäfen, die Adria nicht ein italienisches Binnenmeer werden. Vor dem Gespräch mit Freycinet hatte sich Sixtus von Bourbon-Parma einige Notizen gemacht, die ihm als Grundlage des Gesprächs dienen sollten. In diesen Notizen war Sixtus offenbar deutlicher als im folgenden Gespräch. Es handle sich, so Sixtus, nicht darum, Deutschland, Österreich-Ungarn oder die Türkei politisch zu vernichten; es gehe nur darum, Preußen, das die Führung nicht nur in Deutschland, sondern in ganz Mitteleuropa beanspruche, völlig auszuschalten und ihm all die Eroberungen wieder abzunehmen, die es im 19. Jahrhundert gemacht hatte. Soviel über Sixtus von Bourbon-Parma.
Das junge Kaiserpaar hat sicher die Liebe zu Frankreich nicht geteilt, die hinter den politischen Aktivitäten des Schwagers und Bruders stand; doch Kaiser Karl war andererseits vom Augenblick seiner Thronbesteigung an überzeugt, daß eine Fortdauer des Krieges zum Untergang der Doppelmonarchie an der Donau führen müsse, und deshalb – wie schon im letzten Kapitel dargestellt – fest entschlossen, den Krieg, in dem bei Freund und Feind nationale Emotionen immer wieder hochgespielt wurden und in den Österreich-Ungarn durch die Auseinandersetzung mit Serbien hineingeschlittert war, so rasch wie möglich zu beenden. Dieses Ziel schien, als Karl den Thron bestieg, noch im Einvernehmen mit dem deutschen Bundesgenossen erreichbar; auch der deutsche Reichskanzler Bethmann-Hollweg schien das glei-

che Ziel zu verfolgen. Auch im Deutschen Reich wuchs im Laufe des Jahres 1916, um noch einmal Graf Peter Kielmansegg zu zitieren, »die Dringlichkeit mit der sich das Problem eines allgemeinen Friedens stellte. In dieser Entwicklung sollten auch die Vereinigten Staaten eine wichtige Rolle spielen.« Anfang 1916 besuchte einer der führenden Ratgeber und engsten Mitarbeiter des US-Präsidenten Woodrow Wilson, Edward Mandell House, – der als Oberst House in die Geschichte einging, obwohl er nie Berufsoffizier war – Berlin, um die Reichsregierung zur Annahme bestimmter Bedingungen zu bewegen, über die sich House mit dem damaligen britischen Außenminister Sir Edward Grey vorher in einer losen Abrede verständigt hatte. Danach sollten Belgien und Serbien wieder hergestellt werden, Elsaß-Lothringen sollte an Frankreich, das italienische Sprachgebiet in Südtirol an Italien fallen. Polen sollte die Unabhängigkeit gewährt, für Rußland der Zugang zum Mittelmeer gesichert werden.

Bethmann-Hollweg war, so berichtet Graf Peter Kielmansegg, »bereit, sich der amerikanischen Hilfe zu bedienen, um die Kriegführenden Mächte überhaupt an den Verhandlungstisch zu bringen. Außerdem wollte er Wilson dadurch entgegenkommen, daß er vorschlug in einer zweiten Konferenz nach den eigentlichen Friedensverhandlungen die völkerrechtlichen Fragen, die Wilson vor allem beschäftigten, wie die Freiheit der Meere und die Abrüstung, gemeinsam mit den Neutralen zu erörtern.« Bethmann-Hollweg wollte einen baldigen Frieden, bevor die deutschen Kräfte erschöpft und die Vereinigten Staaten von Amerika entschlossen waren, auf westlicher Seite in den Krieg einzutreten. Dieser »Versuch, ein Friedensgespräch zustande zu bringen war« – so stellt Kielmansegg fest – »die letzte Alternative zum uneingeschränkten U-Boot-Krieg«, den das Deutsche Reich schon wiederholt angedroht und seit 1916 ernstlich vorbereitet hatte; man verstand darunter die warnungslose Versenkung von allen Schiffen – auch von neutralen Passagier- und Handelsschiffen – durch deutsche U-Boote in einem breiten Sperrgürtel um Großbritannien und Irland. Das geltende Seekriegsrecht kannte eine solche unbeschränkte Kriegsführung nicht; der Präsident der Vereinigten Staaten, Wilson, hatte mit einem Kriegseintritt der Vereinigten Staaten auf Seiten der Westmächte gedroht, falls Deutschland sich tatsächlich zu einem solchen unbeschränkten U-Boot-Krieg entschlösse. Kam es vor dem Beginn eines uneingeschränkten U-Boot-Kriegs zu Verhandlungen, »wurde eine weitere Verschärfung des Krieges überflüssig«, bemerkt dazu der Historiker Kielmansegg.

»Am 12. Dezember 1916« – so berichtet Kielmansegg – »legte Bethmann-Hollweg dem Reichstag und zugleich der Weltöffentlichkeit das Friedensangebot der Mittelmächte in einer großen Rede vor...

Das Angebot wurde den Gegnern und den Neutralen auf diplomatischem Wege zugeleitet, nicht nur von Deutschland, sondern auch von Österreich und von Bulgarien, das ebenso wie die Türkei erst kurz vor der Aktion ins Vertrauen gezogen worden war. Der Text der Note war kurz. Wie die Reichstagsrede war sie auf einen sehr selbstbewußten Ton gestimmt... Von den Bedingungen war nur ganz allgemein die Rede. Die Vorschläge, die die Mittelmächte vorlegen würden, so hieß es, seien darauf gerichtet, Dasein, Ehre und Entwicklungsfreiheit ihrer Völker zu sichern und bildeten eine geeignete Grundlage für die Herstellung eines dauerhaften Friedens.«

Das Schicksal Österreichs als Vielvölkerstaat wurde während des ersten Weltkriegs – doch keineswegs nur auf dem Schlachtfeld – entschieden. In einer Zeit des maßlosen Nationalismus, der sich schon vor Ausbruch des Ersten Weltkriegs angebahnt, jedoch dann in diesem Krieg seinen ersten Höhepunkt erreicht hatte, war für einen Vielvölkerstaat schlechterdings kein Platz mehr. Die Persönlichkeit des greisen Kaiser Franz Joseph hatte ein Auseinanderfallen der Donaumonarchie noch verhindern können; doch auch Kaiser Franz Joseph hatte im letzten Drittel seiner Regierungszeit immer mehr mit den manchmal eigenartigen Blüten einer maßlosen Nationalitätenhetze diesseits und jenseits der Leitha zu kämpfen gehabt. Mit dem Tod dieses Herrschers, der in seiner Person den Vielvölkerstaat noch repräsentiert hatte, fielen die letzten Bindungen fort, die die Völker Österreich-Ungarns noch zusammengehalten hatten. Der junge Kaiser Karl war nicht in der Lage, die innere Zerrissenheit in beiden Reichshälften der Doppelmonarchie zu überwinden und gleichzeitig an der Seite des Deutschen Reichs, dessen Führung für die inneren Schwierigkeiten des Bundesgenossen keinerlei Gespür zeigte, einen Krieg zu führen, den zu gewinnen angesichts der ungleichen Kräfteverhältnisse der Kriegführenden und wegen des Mangels an führungsmäßigem Können auf deutscher Seite schon seit 1915 nahezu ausgeschlossen schien. Kaiser Karl war von dieser Unmöglichkeit eines Siegs der Mittelmächte schon von dem Augenblick an überzeugt, in dem er schweren Herzens pflichtbewußt die Nachfolge des greisen Kaisers Franz Joseph angetreten hatte; er war sich von vornherein auch darüber im klaren, daß er eine Aufgabe nicht werde lösen können, die zu lösen auch seinem Vorgänger nicht gelungen war.

Dazu kam Ende 1916 noch ein fühlbarer Stimmungsumschwung bei den Gegnern der Mittelmächte. Ich zitiere wieder Kielmansegg: »Unmittelbar vor dem 12. Dezember war es in England, in Frankreich und in Rußland zu Regierungswechseln gekommen, die die Chancen eines Ausgleichs entschieden verschlechterten. In England hatte Lloyd George Asquith als Premierminister abgelöst, Arthur James Balfour Sir Edward Grey als Außenminister. An Lloyd Georges leidenschaftlicher Entschlossenheit, den Krieg bis zur Entscheidung auszukämpfen und Deutschland niederzuwerfen, konnte niemand zweifeln. In Frankreich war zwar dem alten Kabinett Briand ein neues Kabinett Briand gefolgt, aber gestolpert war die Regierung über den Vorwurf mangelnder Energie in der Kriegsführung.« Soweit der Bericht des Historikers.

Auch die konservative Regierung Stürmer in Rußland wurde um die gleiche Zeit abgelöst.

Auf das in allgemeinen Worten gehaltene, Einzelheiten vermeidende deutsche Friedensangebot vom 12. Dezember 1916 antworteten die Alliierten am 30. Dezember mit einer kategorischen Ablehnung, die mit scharfen Angriffen gegen die Mittelmächte verbunden war.

»Ohne Wiederherstellung der verletzten Rechte und Freiheiten, ohne Anerkennung des Selbstbestimmungsrechts der Nationalitäten und der freien Existenz der kleinen Staaten sei« – so faßt Kielmansegg den Inhalt der alliierten Antwort zusammen – »kein Friede möglich. Auch müßten die Ursachen für die bisherige Bedrohung der Völker beseitigt werden. Ausdrücklich wurde die alleinige Verantwortung für den Krieg den Mittelmächten aufgebürdet.«

»Inzwischen hatte sich«, so fährt Kielmansegg fort, »die Konstellation schon bedeutsam verändert. Mitten hinein in die Überlegungen und diplomatischen Kontakte, die der Antwort der Entente auf das deutsche Angebot vorausgingen, war Wilson am 21. Dezember 1916 mit dem schon lang erwarteten amerikanischen Vermittlungsvorschlag gestoßen ... Wilsons Vorschlag lief auf die Anregung hinaus, ein Friedensgespräch durch einen Vergleich der Friedensbedingungen beider Seiten in Gang zu bringen.« Der Augenblick der Intervention des Präsidenten der Vereinigten Staaten war denkbarst ungünstig gewählt; Wilsons Bemühungen verliefen daher im Sande: Sie endeten in einer Botschaft an den amerikanischen Senat vom 22. Januar 1917 mit einem Bekenntnis Wilsons zum Selbstbestimmungsrecht der Völker.

Die führenden Politiker des Deutschen Reichs sahen in Wilsons Schritt teils einen Versuch im Interesse Großbritanniens und Frankreichs den schon erklärten Beginn eines uneingeschränkten U-Boot-Krieges durch das Deutsche Reich in letzter Stunde zu verhindern, teils das Bestreben, eine mögliche Friedensaktion der Mittelmächte zu unterlaufen.

Sowohl Ludendorff als auch die hinter ihm stehenden Alldeutschen forderten gebieterisch den uneingeschränkten U-Boot-Krieg, der, wie sie glaubten, Großbritannien binnen eines halben Jahres auf die Knie zwingen werde; Ludendorff und die Alldeutschen hatten inzwischen auch die politische Führung des Reichs weitgehend an sich gerissen; der Einfluß des Reichskanzlers Bethmann-Hollweg auf die großen politischen und militärischen Entscheidungen nahm zusehens ab – wobei der Umstand, daß der Reichskanzler nach Ansicht der Alldeutschen, die in ihrem Kern antisemitisch eingestellt waren, angeblich »jüdisch versippt« war, eine gewisse Rolle gespielt haben mag.
Eine rücksichtslose und völkerrechtswidrige völlige Blockade Englands trieb andererseits – dies hätte der deutschen militärischen Führung klar sein müssen – die Vereinigten Staaten von Amerika, die schon seit Kriegsbeginn den westlichen Alliierten, insbesondere Großbritannien mehr Sympathie entgegenbrachten als den Mittelmächten, endgültig in das Lager der Feinde des Deutschen Reichs und Österreichs. Trotzdem entschloß sich die deutsche Führung in den ersten zehn Tagen des Jahres 1917 endgültig, ab 1. Februar 1917 ohne weitere Verhandlungen und Vorankündigung den uneingeschränkten U-Boot-Krieg zu beginnen. Die vorauszusehende notwendige Folge dieser Entscheidung war die Kriegserklärung der Vereinigten Staaten an das Deutsche Reich am 5. April 1917.
Mit dem Kriegseintritt der Vereinigten Staaten von Amerika auf der Seite der Gegner des Reichs war – dies sahen auch deutsche Politiker der Mitte und der Linken

ein – der Krieg für die Mittelmächte in jedem Fall endgültig verloren. Es ging von jetzt an für das Deutsche Reich und seine Verbündeten nur noch darum, den Krieg unter annehmbaren Bedingungen zu beenden.
Sowohl das Deutsche Reich wie seine Gegner im Westen hatten in den ersten Kriegsjahren einen Sieg erstrebt: Einem Frieden ohne Sieg auf der Basis des Selbstbestimmungsrechts – wie ihn Wilson erstrebte – widersetzten sich noch Anfang des Jahres 1917 die Kriegführenden in allen Lagern. Österreich-Ungarns junger Herrscher trat zwar, wie er bei der Übernahme des Throns in seiner ersten Erklärung schon unmißverständlich bekannt gegeben hatte, für einen möglichst baldigen Frieden ein; doch auch er lehnte das Selbstbestimmungsrecht als einzige Grundlage eines Friedensschlusses ab. Die Verwirklichung des Selbstbestimmungsrechts hätte das Ende des Vielvölkerstaates Österreich-Ungarn bedeutet; zudem war die Donaumonarchie zu Beginn des Jahres 1917 militärisch schon zu sehr in die Abhängigkeit vom Deutschen Reich gedrängt, um der amerikanischen Friedensvermittlung gegenüber eine andere Einstellung zu zeigen als der scheinbar so starke deutsche Bundesgenosse.
Für den jungen Kaiser Karl bedeutete das »Deutsche Reich« in erster Linie Preußen – jenes Preußen, das dem Hause Habsburg den Weg zur deutschen Kaiserwürde versperrt, Österreich politisch und wirtschaftlich weitgehend aus dem deutschen Raum verdrängt und die deutsche Kaiserwürde für das Haus Hohenzollern usurpiert hatte. Für die Habsburger blieben die Hohenzollern »Parvenus«. »Ganz folgerichtig«, so stellt Graf

Kielmansegg fest, »hat Karl sich heftig gegen eine dauernde Bindung an Deutschland durch das geplante mitteleuropäische Bündnis gesträubt.«

Kaiser Karls neuer Kurs wirkte sich zunächst in einem weitgehenden Wechsel der führenden Persönlichkeiten seines Reiches aus. Kaiser Karl übernahm selbst den Oberbefehl über das österreichisch-ungarische Heer und verlegte sein »großes Hauptquartier« von Teschen in die Nähe von Wien; er ersetzte Conrad von Hötzendorf als Generalstabschef durch den zwar tüchtigen, aber weniger ideenreichen und deshalb auch weniger eigenwilligen General Arz von Straussenberg und ernannte nach der Entlassung der noch von Kaiser Franz Joseph eingesetzten Regierung Koerber den Grafen Heinrich von Clam-Martinic zum Ministerpräsidenten, den im auswärtigen Dienst groß gewordenen Grafen Ottokar von Czernin-Chudenitz zum Außenminister. Der Kaiser hatte das Amt des Ministerpräsidenten zunächst Czernin angetragen; dieser hatte aber wenig Lust gezeigt, es zu übernehmen. Der dann an seiner Stelle mit dem Amt des Regierungschefs betraute, am Neujahrstag 1863 geborene Graf Clam-Martinic war ein Politiker der alten Schule; er hatte zunächst dem böhmischen Landtag, dann ab 1902 dem Herrenhaus des österreichischen Reichsrats angehört, war einer der Berater des ermordeten Thronfolgers Franz Ferdinand und 1916 kurze Zeit Ackerbauminister im Kabinett Koerber gewesen. Sowohl Clam-Martinic wie Czernin gaben ihren Posten noch vor dem Zusammenbruch des Vielvölkerstaats auf: Clam-Martinic trat am 21. Juni 1917 zurück, weil er, wie Graf Polzer-Hoditz schreibt, es nicht verstanden hat, »seinem

Programm ›Österreich‹ einen starken, neuen Inhalt« zu geben; Czernin stürzte über eine zwiespältige Politik, die ihm als Rücksichtslosigkeit gegenüber dem Kaiser, als Kopflosigkeit und als Doppelzüngigkeit ausgelegt wurde.

8. KAPITEL

Rußland und der Untergang des Zarenreichs

Als der junge Kaiser Karl den Thron bestieg, war der Krieg, den Österreich an der Seite des Deutschen Reiches führte, seinem Wesen nach noch ein europäischer Krieg. Es gab in diesem Augenblick noch vier europäische Kriegsschauplätze: Einen auf dem Boden Rußlands und einen anderen auf dem Boden Frankreichs. Neben diesen beiden »großen Kriegsschauplätzen«, auf deren westlichem fast nur deutsche Truppen fochten, während auf dem östlichen Kriegsschauplatz deutsche und österreichische Truppen gemeinsam kämpften, waren die Schlachtfelder in Italien und in den Balkanländern ihrer Natur nach nur Nebenkriegsschauplätze, auf denen der Ausgang des Krieges vielleicht beeinflußt, aber jedenfalls nicht mit Wirkung für ganz Europa entschieden werden konnte.

Mit der Kriegserklärung der Vereinigten Staaten von Amerika, dem Eingreifen amerikanischer Truppen auf dem westlichen Kriegsschauplatz im Verlauf des Jahres 1917 – auch wenn das amerikanische Expeditionsheer zunächst nach Zahl und Führung noch schwach schien – und mit der russischen Revolution, von der noch zu sprechen sein wird, wurde der westliche Kriegsschauplatz endgültig zum einzig entscheidenden: Wurde das Deutsche Reich im Westen besiegt, hatten die Mittelmächte – das war schon im Frühjahr 1917 klar – insgesamt den Krieg verloren.

Die politischen Ereignisse im Osten entschieden zwar, wie sich später zeigen sollte, über das Schicksal ganz Europas. Das Bild änderte sich jedoch in Rußland zunächst nicht auf dem Schlachtfeld, sondern durch einen völligen Wandel der innenpolitischen Lage im bisherigen Zarenreich – eine Veränderung die sich zwar schon um die Wende vom 19. zum 20. Jahrhundert blutig angekündigt hatte, die aber im Frühjahr 1917 in einer Plötzlichkeit eintrat, die Freund und Feind überraschte. Seit jeher war die Geschichte des Hauses Romanow mit Blut geschrieben worden. Der letzte Zar, Nikolaus II., war keine Führerpersönlichkeit, jedoch eine tragische Gestalt. Die Zarin Alexandra Fiodorowna war eine Deutsche, eine gebürtige Prinzessin von Hessen-Darmstadt; ihre Großtante Maria Alexandrowna war mit dem 1881 ermordeten Zaren Alexander II., ihre Schwester mit dem 1905 ermordeten Großfürsten Sergius Alexandrowitsch verheiratet gewesen.

Die ganze Sorge des letzten Zarenpaares galt dem einzigen Sohn, dem Zarewitsch Alexej Nikolajewitsch, der bei Ausbruch des Ersten Weltkriegs gerade zehn Jahre alt war; er litt an der auch heute noch kaum heilbaren, seltenen »Bluter-Krankheit«, einer Störung der Blutgerinnung infolge des Fehlens des antihämophilen Globulins im Blut: Diese »Bluter-Krankheit«, bei der schon eine kleine Verletzung zum »Ausbluten« und damit zum Tod führen kann, wird von einer nicht erkrankten Mutter, die nur »Konduktorin« der Krankheit ist, aber selbst von ihr nicht erfaßt wird, auf ihre Söhne übertragen.

Der Zar und die Zarin waren beide tief religiös. Ein oder zwei Jahre nach der blutigen Niederwerfung des Aufstands von 1905, dessen Opfer der Schwager der Zarin geworden war, gerieten sie unter den Einfluß eines religiösen Scharlatans, eines Bauernsohns aus Sibirien, der nach einer ausschweifenden Jugend, Frau und Kinder verlassen, sich einer ekstatisch-enthusiastischen religiösen Sekte, den sog. »Geißlern«, als Mönch angeschlossen und als solcher den Namen »Rasputin«, d. h. auf deutsch »der Liederliche«, angenommen hatte; er kam 1904 nach St. Petersburg und gewann dort zunächst den Onkel des Zaren, den Großfürsten Nikolaj Nikolajewitsch für sich – eine starke und einflußreiche Persönlichkeit, der ihn am Hof des Zaren einführte. Zar und Zarin waren von Rasputin tief beeindruckt. Nach Kriegsausbruch 1914 geriet die Zarenfamilie völlig in Rasputins Bann: Er ernannte und entließ nach Belieben Minister; wer immer ihm entgegentrat, fiel beim Zaren und der Zarin in Ungnade und mußte mit einer Verbannung rechnen.

Anfang Dezember 1916 bildete sich unter Führung des Fürsten Felix Felixowitsch Jussopow, eines weitläufigen, angeheirateten Verwandten des Zaren, und des Großfürsten Dimitri Pawlowitsch eine Verschwörung zur Ausschaltung Rasputins. Der Versuch, ihn mit Gift zu töten, mißlang; die Verschwörer erschossen ihn darauf und verbargen die Leiche unter dem Eis der Newa; doch seine Leiche wurde gefunden und neben der Familiengruft der Zaren ins Zarskoje Selo beigesetzt.

Diese fast für jedermann unverständliche Abhängigkeit von Rasputin über dessen Tod hinaus hatte den Zaren seinem Volk weitgehend entfremdet. Das Ansehen des Zaren in der Bevölkerung – und vor allem im Heer – war geschwunden. Ende Februar meuterten Truppen im Raum von Petersburg. Aus dieser lokalen Revolte entwickelte sich ein Umsturz, der bald große Teile Rußlands mitreißen und dessen Folgen im Lauf der kommenden Jahrzehnte ganz Europa erschüttern sollte.

Auf der Grundlage der Thesen russischer Sozialisten des 19. Jahrhunderts hatte sich in Rußland allmählich – zunächst in der Theorie als politisches Programm – eine besondere Form sowohl des Sozialismus wie der direkten Demokratie herausgebildet, die im 20. Jahrhundert international als Rätesystem bekannt geworden und vielfach mit dem Kommunismus identifiziert worden ist. Kennzeichnend für diese – spezifisch russische – Art der Demokratie wurde die Wahl am Arbeitsplatz, in Betrieben und Kasernen –, also nicht wie im Westen am jeweiligen Wohnsitz, die Beschränkung des Wahlrechts auf Arbeiter, kleine und mittlere Angestellte, Soldaten und Kleinbauern, ein indirektes Wahlsystem, wonach die »unteren« Räte die jeweils nächst höheren zu wählen haben, die jederzeitige Abwählbarkeit der gewählten Abgeordneten durch ihre Wähler, die Bindung der Abgeordneten an Wähleraufträge und die Öffentlichkeit aller Beratungen der gewählten Räte. Nach dem russischen Ausdruck »Sowjet«, der gleichbedeutend mit Rat ist, hat sich die Bezeichnung Sowjetsystem für diese besondere russische Form der Demokratie herausgebildet; der Begriff des Sowjetsystems hatte an sich zunächst mit Kommunismus nichts – oder nur wenig – zu tun, wurde jedoch nach dem Sieg des Kommunismus in Rußland allmählich als typisch kommunistisches System verstanden, obwohl es anfangs nur als eine besondere – russische – Form der direkten Demokratie erschienen war. Die Bezeichnung Rat für ein führendes revolutionäres Gremium wurde von den russischen Theoretikern dem Sprachschatz der französischen Revolution entlehnt; auch in Deutschland nannte sich 1918 die revolutionäre Übergangsregierung zunächst ebenfalls »Rat der Volksbeauftragten«.

Am 15. März 1917 dankte Nikolaus II. als Zar ab; eine provisorische Regierung unter Führung des noch vom Zaren ernannten liberalen Fürsten Georg Lwow wurde gebildet. Lwow konnte sich nicht lange halten; er wurde sowohl von den Konservativen wie von der Linken abgelehnt. Eine Umbildung des Kabinetts am 16. Mai 1917 festigte seine Stellung nur vorübergehend; am 7. Juli 1917 dankte Lwow endgültig ab. Der bisherige Kriegsminister, ein gemäßigter Sozialdemokrat, Alexander Kerenski – ein Rechtsanwalt aus russischem Kleinadel – übernahm am 25. Juli 1917 die Regierung. Wie seine Vorgänger, so war auch Kerenski entschlossen, den Krieg gegen die Mittelmächte fortzusetzen; am 17. Juli 1917 startete er – noch als Kriegsminister – eine neuerliche Offensive zur Wiedergewinnung eines Teils des von den Mittelmächten besetzten russischen Raums. Einen Putschversuch der linksradikalen »Bolschewiki« in Petersburg, während diese Offensive begann, ließ Kerenski von Kosaken blutig unterdrücken; andererseits setzte er sich in merkwürdiger, für Rußland schicksalshafter Inkonsequenz für die Freilassung der Führer dieses Putsches, darunter Leo Trotzki, ein.

Im September 1917 überwarf sich Kerenski mit dem Höchstkommandierenden der russischen Armee, General Kornilow; im Zug dieser Auseinandersetzung ließ Kerenski Waffen an die Arbeiterschaft von Petersburg verteilen – ein Entschluß, den er wenige Monate später bitter bereuen sollte.

Auch der am 22. April 1870 geborene Nikolai Lenin – der mit richtigem Namen Wladimir Ulianow hieß – stammte aus dem russischen Kleinadel; sein Vater war Leiter einer höheren Schule gewesen und als solcher vom Zaren geadelt worden. Lenin begann seine politische Tätigkeit wie Kerenski als Student der Rechte; er wurde jedoch wegen Teilnahme an einer politischen Demonstration von der Universität verwiesen und nach Kasan – rund 700 km östlich von Moskau – verbannt, wo seine Familie Grund und Boden besaß. Als ihm nach einem Jahr die Rückkehr erlaubt wurde, kehrte er nicht zur alten Universität zurück, sondern verlegte seinen Wohnsitz nach Samara an der Wolga, wo er vor allem Sprachen studierte; dabei bevorzugte er Deutsch, um die Werke von Marx und Engels in der Originalsprache lesen zu können. 1891 schloß er sein unterbrochenes Universitätsstudium in Petersburg ab; bald danach begann er das Leben eines Berufsrevolutionärs. Eine kommunistische Revolution zu entfachen und zum Sieg zu führen, wurde sein Lebensziel. Er wurde 1895 nach Sibirien verbannt; nach seiner Rückkehr aus Sibirien ging er ins Ausland, zunächst für zwei Jahre nach München, dann abwechslungsweise nach London und Genf.

Im Sommer 1903 spielte er auf dem zweiten Kongreß der »russischen sozialdemokratischen Arbeiterpartei« in Brüssel und in London eine führende Rolle. In London spaltete sich diese Partei in zwei ideologisch gegensätzliche Gruppen, die »Mehrheit«, auf russisch »Bolschewiki« und die »Minderheit«, auf russisch »Menschewiki«; nach der Spaltung gründete Lenin für die Bolschewiki, zu denen er sich bekannte, eine Zeitung mit dem Titel »Vorwärts«.

Nach dem russischen Oktoberaufstand 1905 kehrte Lenin nach Petersburg zurück und trat dort 1906 unter dem Decknamen Karpow in einer Arbeiter-Massenversammlung auf. Seit 1907 galt er als einer der anerkannten Führer der extremen Linken. 1912 führte der ideologische Gegensatz zur endgültigen Trennung der Bolschewiki von den Menschewiki; die Bolschewiki erhielten durch Lenin in der Zeitung »Prawda« – auf deutsch »Die Wahrheit« –, die bald eine Millionenauflage erreichte, ein wirksames Sprachrohr.

Während des Ersten Weltkriegs nahm Lenin seinen Wohnsitz zunächst in Bern, von wo aus er die Arbeiter der Welt aufforderte, den »imperialistischen Krieg« in einen Bürgerkrieg umzufunktionieren; von der Schweiz aus legte er auch den Grundstein zur dritten – der kommunistischen – »Internationale«.

Nach der russischen Märzrevolution 1917 erhielt Lenin von den zuständigen deutschen Organen, die hofften, dadurch Rußland als kriegführende Macht ausschalten zu können, die Erlaubnis, durch Deutschland in seine russische Heimat – nach Petersburg – zurückzukehren. Von dort aus bekämpfte er als Führer der Bolschewiki die – immer noch – »provisorische« russische Regierung. Nach einem erfolglosen Putschversuch in der zweiten Juli-Hälfte 1917 floh er nach Finnland; von dort kam er Ende Oktober zurück, um zum zweiten Mal zu versuchen, die Macht zu ergreifen.

Dies gelang ihm. Am 20. Oktober 1917 kehrte Lenin incognito nach Petersburg zurück; am 23. Oktober billigte das Zentralkomitee der Bolschewiki die sofortige Machtübernahme; am 6. November 1917 übernahm Lenin offen die Führung des Aufstands; am 7. November proklamierte er den Sturz der Regierung Kerenski; am 8. November billigte der Rätekongreß das Vorgehen der Bolschewiki, und am 9. November bildete Lenin eine Regierung mit bolschewistischer Mehrheit. Kerenski war schon am 7. November aus Petersburg geflohen.

Nach der Machtergreifung in Petersburg verbreitete sich der Kommunismus in kurzer Zeit waldbrandartig über den von den Mittelmächten nicht besetzten russischen Raum. Nur im Süden Rußlands leistete die »Weiße Armee« – erst von General Lawr Kornilow, nach dessen Tod auf dem Schlachtfeld am 31. März 1918 von dem General Anton Denikin geführt – bis ins Jahr 1920 hinein den Kommunisten verzweifelt, aber erfolglos erbitterten Widerstand.

Der zweite »Allrussische Sowjetkongress«, der am 7. November 1917 in Petersburg zusammentrat, wurde von den Bolschewiki beherrscht; seine nichtbolschewistischen Mitglieder waren nach dem Sieg der Kommunisten aus Petersburg geflohen; dieser Kongreß forderte am 8. November 1917 gemeinsam mit der provisorischen bolschewistischen Regierung, an deren Spitze

Lenin stand, alle kriegführenden Mächte auf, auf dem Boden des Selbstbestimmungsrechts der Völker einen Frieden ohne Annexionen, Kontributionen und Reparationen zu schließen. Von der Masse der Bevölkerung in Rußland wurde dieser Aufruf begrüßt. Das russische Volk war kriegsmüde; es folgte jedem, der Frieden versprach.

Die Bolschewiki waren alles andere denn Gegner der Anwendung militärischer Gewalt; sie lehnten zwar den Krieg zwischen Staaten und Nationen ab, riefen aber gleichzeitig zum bewaffneten Kampf des internationalen »Proletariats« gegen die »herrschenden Klassen« auf; an die Stelle eines Weltkriegs sollte ein weltweiter Klassenkampf treten. Am 28. November 1917 forderten Lenin und Trotzki – letzterer hatte das bisherige Außenministerium als »Volkskommissariat« übernommen – in einem Funkspruch an alle Völker der Welt diese auf, über Waffenstillstand und Frieden zu verhandeln; die Regierungen aller kriegführenden Staaten wurden gefragt, ob sie zu solchen Verhandlungen bereit seien.

Die ersten Reaktionen auf die neue Lage waren sowohl in Wien wie in Berlin, so stellt Graf Peter Kielmansegg fest, »zwiespältig. Czernin zeigte sich nach der russischen Proklamation sogleich bereit, den in Petersburg verkündeten Grundsätzen zuzustimmen, ohne freilich den Nationalitäten der Doppelmonarchie das Seperationsrecht zuzuerkennen; er forderte die deutsche Regierung auf, sie möge die russische Formel annehmen. Das Wichtigste sei, durch einen Waffenstillstand mit Rußland die Koalition der Gegner zu sprengen. In Berlin dagegen wartete man ab.« Dort vertraten die Oberste Heereslei-

tung und das Auswärtige Amt divergierende Standpunkte.
Graf Peter Kielmansegg schildert in seiner vortrefflichen Darstellung des Ersten Weltkriegs ausführlich die Entwicklung der militärischen Lage an der Ostfront. Sie hatte am 22. Dezember 1917 zum Beginn von Friedensverhandlungen zwischen den Mittelmächten und dem kommunistischen Rußland geführt. Kielmansegg zeigt das Hickhack dieser Verhandlungen auf und stellt ausführlich die Gegensätze dar, die nicht nur zwischen den verhandelnden Mächten, sondern auch im Innern jeder einzelnen Macht vorhanden waren; er schildert das Wechselspiel der Geschehnisse bis zu der Unterzeichnung des kurzlebigen Friedensvertrags in Brest-Litowsk am 3. März 1918, der von der deutschen Obersten Heeresleitung durch eine kurzfristige Wiederaufnahme des Kampfes gegen Rußland erzwungen worden war und noch im März 1918 dem deutschen Reichstag vorgelegt wurde. Die Tatsache, daß der Friedensvertrag weder in Deutschland noch im eigentlichen Rußland, sondern in der alten ruthenisch-ukrainischen Hauptstadt abgeschlossen wurde, die erst zu Beginn der Neuzeit an Rußland gefallen war, mag für den Drang Rußlands nach Westen kennzeichnend sein.
Von der Lage im Deutschen Reich berichtet Graf Peter Kielmansegg: »Das Mißtrauen, mit dem die Mehrheitsparteien, vor allem die Sozialdemokraten, die Ostpolitik der Reichsregierung beobachteten, war inzwischen keineswegs geringer geworden. Insbesondere mit der Behandlung der polnischen und litauischen Frage, die beide im Mittelpunkt des parlamentarischen Interesses

standen, hatte sich der Reichskanzler« – es war der Bayer Graf Hertling, der Michaelis abgelöst hatte – »keinen Kredit erworben. Zwar wurde ihm eher Schwäche gegenüber den Militärs als Illoyalität vorgeworfen, aber gelegentlich zweifelte man doch an der Aufrichtigkeit seines Bekenntnisses zum Selbstbestimmungsrecht«. Für einen Bayern war im Grunde auch das Mit-, Gegen- und Durcheinander der im Reich des Zaren zusammengefaßten Nationen schwer verständlich.

In einer von den Mehrheitsparteien des deutschen Reichstags gemeinsam eingebrachten Resolution wurde – wie Graf Kielmansegg berichtet – »nachdrücklich die Erwartung ausgesprochen..., daß die deutsche Politik dem Selbstbestimmungsrecht in Polen, Litauen und Kurland Rechnung tragen und als ersten Schritt den Aufbau einer einheimischen Zivilverwaltung in diesen Gebieten unverzüglich in die Wege leiten werde.« Diese Resolution wurde im Deutschen Reichstag von allen Parteien mit Ausnahme der »Konservativen« an der äußersten Rechten und der »unabhängigen Sozialdemokraten« an der äußersten Linken angenommen.

Zum Abschluß dieses Kapitels sei noch einmal Graf Peter Kielmansegg zitiert: »Es liegt nahe, Brest-Litowsk, den Frieden, den Deutschland als Sieger schloß, mit Versailles zu vergleichen, dem Frieden, den Deutschland als Besiegter hinnehmen mußte... Rechtlich hat der Vertrag von Brest-Litowsk nur wenige Monate Bestand gehabt. Im November 1918 ist er durch die russische Regierung auf der einen und das Waffenstillstandsabkommen von Compiègne auf der anderen Seite widerrufen worden... Die geschichtliche Bedeutung des

Ostfriedens wird erst sichtbar, wenn man ihn in größere Zusammenhänge einordnet. Lenin, der sich mit allem Nachdruck für die Annahme des Vertrages eingesetzt hat, ging davon aus, daß er der Revolution eine Atempause schaffen müsse.« Diesen Wunsch Lenins erfüllte der Vertrag von Brest-Litowsk – nicht zum Segen für Europa.

9. KAPITEL

Europa nach dem Regierungsantritt Kaiser Karls

Die Ereignisse in Rußland in den letzten beiden Kriegsjahren bilden in sich eine Einheit; ihre Schilderung wurde deshalb im vorhergehenden Kapitel vorweggenommen. Wir kehren zurück zum Jahresende 1916. Der Tod des österreichischen Kaisers Franz Joseph bedeutete in der Geschichte Europas das Ende einer von dieser Herrscherpersönlichkeit weitgehend geprägten Epoche. Der Thronfolger nach Kaiser Franz Joseph, Karl, war, als er das schwere Erbe nach seinem Großonkel übernehmen mußte, der während fast sieben Jahrzehnten an der Spitze des Vielvölkerstaats Österreich-Ungarn gestanden und diesem Staat seinen Stempel aufgedrückt hatte, knappe neunundzwanzig Jahre alt; kurz vor Ausbruch des Ersten Weltkriegs zum Thronfolger berufen, hat er sich in den ersten Kriegsjahren vor allem als militärischer Führer bewährt, aber gleichzeitig auch die Schrecken und Greuel eines Krieges hautnah erlebt; kaiserliche Herrschaft bedeutete deshalb für ihn zu allererst Wiedergewinnung und Sicherung des Friedens. Österreich-Ungarn den Frieden zu bringen, war deshalb von der ersten Stunde seiner Regierung an sein Ziel: Herrschaft bedeutete für ihn Frieden. Mit der Beendigung des Krieges sah er die große, kaum lösbare Aufgabe, die ihm als Kaiser vor jeder anderen Herrscherpflicht gestellt war. Die Verantwortung für alle in einem Vielvölkerstaat zusammengefaßten Nationen und Stämme lag schwer auf seinen Schultern.

Vor allem deutsche Historiker schildern den jungen Kaiser Karl oft als einen im Grund schwachen und energielosen Mann mit einer »weichen Natur« und der »Neigung sich dem stärksten Willen zu beugen« – als eine Persönlichkeit, die weitgehend unter dem Einfluß einer energiegeladenen, ehrgeizigen Kaiserin stand. Dieses Bild wird dem jungen Nachfolger des Kaisers Franz Joseph ebensowenig gerecht wie der Kaiserin an seiner Seite: Beide waren starke Charaktere – doch sie wurden beide letztlich das Opfer einer Zeitenwende, die ganz Europa erfaßte und veränderte.

Wie Emil Franzel feststellt, »hatte Kaiser Karl sehr klare Vorstellungen von seinen Aufgaben und von der zukünftigen Gestalt seines Reiches. Er schätzte die Widerstandskraft der durch Hunger und blutige Verluste zermürbten, seit langem von einer subversiven, sowohl nationalistischen als auch sozialrevolutionären Propaganda unterwühlten Völker nicht sehr hoch ein, betrachtete die Kriegslage skeptisch und meinte, daß es schon ein Erfolg wäre, wenn man die Länder der Stephanskrone, die böhmischen und die Alpenländer als ein föderatives Gebilde heil aus dem Kriege herausführen könnte. Ohne die Magyaren mit so großem Mißtrauen zu betrachten wie sein Onkel Franz Ferdinand, teilte er doch dessen Ansichten über die Notwendigkeit eines föderalistischen Umbaues der Gesamtmonarchie, insbesondere einer Verständigung mit den Südslawen ... Sein monarchisches Selbstbewußtsein wurzelte tief in seiner Frömmigkeit und in seinem katholischen Glauben. Bezeichnend für ihn ist, daß er den Rat Friedrich Wilhelm Försters, eines in Deutschland wegen seiner pazifistischen Haltung stark bekämpften katholischen Ethikers und Pädagogen, einholte. Daß er dabei nicht eng war, geht wohl daraus hervor, daß sein intimster Mitarbeiter im ersten Regierungsjahr, der Chef seiner Kabinettskanzlei, Graf Polzer-Hoditz, ein Anhänger der Reformgedanken Rudolf Steiners war und den Kaiser für das Programm der ›Dreigliederung des sozialen Organismus‹ zu interessieren vermochte.« Soweit Emil Franzel. Das erste Regierungsjahr des jungen österreichischen Kaisers wurde von einem überraschenden Wandel der politischen und militärischen Lage in Europa beeinflußt und geprägt. Der bisher auf Europa beschränkte Krieg wurde durch den – vom Deutschen Reich durch die Erklärung des unbeschränkten U-Boots-Kriegs provozierten – Kriegseintritt der Vereinigten Staaten von Amerika zu einem wirklichen Weltkrieg, dessen Beendigung in weite Ferne gerückt war; die Revolution im früheren Zarenreich führte andererseits dazu, daß Entscheidungen im Kriegsgeschehen nur noch auf den Schlachtfeldern des Westens fallen konnten. Das Deutsche Reich der Hohenzollern erschien damit schlechthin als die kriegführende Macht in Mitteleuropa. Österreich-Ungarn spielte im Kriegsgeschehen nur noch eine sekundäre Rolle; die Front in Italien blieb trotz aller Erfolge der österreichischen und deutschen Truppen, die aus den Südtälern der Alpen bis an die Piave vorgedrungen waren ebenso Nebenkriegsschauplatz wie die Balkanfront: Die eigentliche Entscheidung im Ersten Weltkrieg fiel – das war seit dem Eintritt der Vereinigten Staaten in den Krieg klar – in Frankreich.

Die notwendige Folge dieser Entwicklung war eine politische, militärische und wirtschaftliche Gewichtsverlagerung im Raum der Mittelmächte. Bestand bei Kriegsbeginn noch ein gewisses Gleichgewicht der Macht zwischen dem Deutschen Reich und Österreich-Ungarn, so hatte sich im Spätherbst 1916 und in den ersten Monaten des Jahres 1917 nach dem Kriegseintritt der Vereinigten Staaten von Amerika und nach dem faktischen Ausscheiden Rußlands aus der Reihe der kriegführenden Staaten der Krieg fast zu einer reinen Angelegenheit des Deutschen Reiches entwickelt, in der Österreich-Ungarn im Grunde nur noch eine Nebenrolle spielte. Mit wenig Fingerspitzengefühl ließen das Reich und in diesem Reich wieder vor allem Ludendorff und seine alldeutschen Gefolgsleute und Bewunderer, die seit Ende 1916 in Deutschland den Ton angaben, die Österreicher nur allzu deutlich fühlen, daß sie für die neue deutsche Führung nur noch unter »ferner liefen« rangierten.

Auf einem kurzen Nenner gebracht, ging es seit dem Frühjahr 1917 im Ersten Weltkrieg – nach dem unerwarteten Sieg der Kommunisten in der innerrussischen Auseinandersetzung – nur noch um zwei große Probleme: Einerseits um die französische Forderung der Wiedereingliederung von Elsaß-Lothringen in den französischen Staat – das heißt um die Wiederherstellung der alten Rheingrenze von Basel bis zur Lauter, die für Frankreich die unabdingbare Voraussetzung für einen

Friedensschluß war – und andererseits um das deutsche Streben nach einer machtmäßigen Gleichstellung des Deutschen Reichs mit Großbritannien in der Führerrolle in Europa und der Welt. Weder die eine noch die andere dieser beiden Fragen berührte Österreich-Ungarn.
Das Problem, dem der junge Kaiser Karl von Österreich gegenüberstand – und das wiederum das von Preußen geführte Deutsche Reich nicht wesentlich interessierte – war die substantielle Aufrechterhaltung eines Vielvölkerstaats, der von der Bucht von Cattare im Süden bis zum Elbsandstein-Gebirge im Nordwesten und zum Zusammenfluß von Weichsel und San im Nordosten, vom Bodensee im Westen bis weit hinter Kronstadt im Osten reichte.
Der extreme Nationalismus, der im ersten Drittel des 20. Jahrhunderts die Politik der europäischen Staaten prägte, ließ diesen Vielvölkerstaat als Anachronismus erscheinen. Ihm eine neue Gestalt zu geben, die dem Zeitgeist entsprach, war die Aufgabe, vor die der junge Kaiser sich gestellt sah; die Erfüllung dieser Aufgabe war aber – wenn überhaupt – dann nur im Frieden möglich. Diesen Frieden zu erreichen und zu erhalten, war das vordringlichste Ziel Kaiser Karls: Im Grafen Czernin glaubte der Kaiser eine Persönlichkeit gefunden zu haben, die ihm bei Erreichung dieses Zieles helfend zur Seite stand. Ludendorff und die deutsche Oberste Heeresleitung zeigten dagegen für die Ideen und Pläne Kaiser Karls nicht das geringste Verständnis; sie blieben in engen, veralteten, imperialistischen Vorstellungen von einem Deutschland befangen, an dessen Wesen »die Welt genesen« sollte.

Auch bei den westlichen Gegnern des Deutschen Reichs fand der junge österreichische Kaiser in seinem Streben nach einem baldigen Frieden nur wenig Verständnis: Je mehr in Frankreich die Hoffnung wuchs, den Krieg durch einen Sieg beenden zu können, desto weniger war dort der Mann auf der Straße bereit, einen Frieden ohne Sieger und Besiegte zu bejahen. Das französische Volk wollte in seiner Mehrheit eine Beendigung des Kriegs, aber es wollte vor allem den Sieg. Hinzu kommt, daß im Frühjahr 1917 in Frankreich Politiker ans Ruder gekommen waren, die – so Emil Franzel – »zweifellos sehr weitgehend unter dem Einfluß der Freimaurerlogen standen. Ihnen war die Zerstörung des Habsburgerreiches als einer katholischen Großmacht ein wichtigeres Ziel als die Rettung des europäischen Gleichgewichts.«

In seinem Streben nach einem baldigen Frieden wurde der letzte österreichische Kaiser dagegen sowohl vom Papst als auch – dies wird oft übersehen – von den Parteien der Mitte im deutschen Reichstag unterstützt. Im August 1917 – ich zitiere wiederum Emil Franzel – »forderte Papst Benedikt XV., der im Sommer 1914 den Stuhl Petri bestiegen hatte, die kriegführenden Nationen auf, ihre Kriegsziele bekanntzugeben. Er ließ die deutsche Regierung wissen, daß eine bindende Erklärung über die Wiederherstellung der Souveränität Belgiens für die Einleitung von Friedensverhandlungen sehr wichtig wäre, und daß unter dieser Voraussetzung gute Aussichten für ein Gespräch mit England bestünden. Die deutsche Regierung verweigerte diese Erklärung... Erst die Friedensbotschaft der bolschewistischen Regierung Rußlands öffnete ein Tor zu Verhandlungen.« Soweit Emil Franzel.

Unerwartete Unterstützung fand die Friedenspolitik Kaiser Karls, wie schon oben erwähnt, im Sommer 1917 auch im deutschen Reichstag. Auf Anregung des Zentrumsabgeordneten Matthias Erzberger nahm die Mehrheit des Reichstags – Sozialdemokraten, Zentrum und liberale »Freisinnige« – im Juli 1917 eine Friedensresolution an, die von einem auf Vorschlag Erzbergers gebildeten interfraktionellen Ausschuß erarbeitet worden war; während des parlamentarischen Kampfes um diese Resolution wurde Bethmann-Hollweg als Reichskanzler gestürzt.

Bis zuletzt hatte Bethmann-Hollweg vergeblich versucht, die politische Maßlosigkeit der Obersten Heeresleitung zu zügeln, in der Ludendorff das Sagen hatte. Hindenburg hielt sich als »Nur-Soldat« in politischen Fragen weitestgehend zurück, tat allerdings, wie es scheint, nichts, um Ludendorffs immer fühlbarere Einmischung in rein politische Entscheidungen abzubremsen. Es wäre falsch zu behaupten, daß Ludendorff Bethmann-Hollweg gestürzt habe; man könnte vielleicht mit einigem Recht sagen, er habe den Reichskanzler »politisch ausgehungert«.

Bethmann-Hollwegs Nachfolger wurde zunächst Georg Michaelis, ein als Politiker unerfahrener, dort jedoch, wo es um die bloße Ausführung von Gesetzen und kaiserlichen Weisungen ging, tüchtiger Beamter. Er vermochte der Obersten Heeresleitung gegenüber keine irgendwie selbständige Stellung zu gewinnen. Emil Franzel spricht von Michaelis als »dem wohl unfähigsten

Kanzler, der zwischen 1890 und 1919 das Reich regiert« habe. Dieses Urteil Franzels hat nur einen Fehler; nämlich den, daß Franzel Michaelis unterstellte, er habe regiert: Michaelis regierte nicht, sondern er verwaltete das Reich, das gerade 1917 dringend eine Regierung brauchte.

Georg Michaelis war nur kurze Zeit Reichskanzler; er hatte vergeblich versucht durch eine einschränkende Interpretation die Juli-Resolution der Reichstagsmehrheit, von der eben die Rede war, zu unterlaufen; es gelang ihm nicht, für die Gegner Deutschlands annehmbare, konkrete deutsche Friedensziele zu nennen. Schon im Oktober 1917 mußte er zurücktreten. An seine Stelle trat der Führer des konservativen Flügels der Zentrumspartei, ein Gegner Erzbergers und der von diesem betriebenen Parlamentarisierung des Kaiserreichs, der konservative bisherige bayerische Ministerpräsident Graf Georg von Hertling. Als überzeugter katholischer Bayer hatte er kein Verständnis für Ludendorffs alldeutsche und großsprecherische Pläne; doch er ließ – dies war sein Fehler – den General, der das Vertrauen des deutschen Kaisers genoß, gewähren.

Wie Michaelis wurde auch Hertling von Fakten und Fragen der Innenpolitik voll in Anspruch genommen, sodaß auch er sich mit der zunehmenden Problematik des Verhältnisses des Deutschen Reichs zu Österreich nur am Rande befassen konnte. Dieses Verhältnis hatte sich 1917 – nicht durch die Schuld des jungen österreichischen Kaisers – grundlegend geändert: Die Führung des Deutschen Reichs, in der die Oberste Heeresleitung immer mehr politischen Einfluß gewann, wollte immer noch einen Sieg, einen Sieg nicht nur im Osten, sondern auch im Westen; der junge österreichische Kaiser wollte nur den Frieden – einen Frieden ohne Sieger und Besiegte.

Seit Kriegsbeginn hatten sich Deutschland und sein österreichischer Bundesgenosse immer mehr entfremdet. Die politischen Zielsetzungen der maßgebenden Kreise des Reichs waren andere als die Österreich-Ungarns. Ein politisches Bündnis setzt immer – zumindest in bestimmten Grenzen – ein gemeinsames Ziel voraus: Am Fehlen eines solchen gemeinsamen Ziels war das Bündnis der Mittelmächte mit Italien gescheitert.

Seit Anfang 1917 drohte dem Bündnis zwischen dem Deutschen Reich und Österreich-Ungarn ein gleiches Schicksal: 1917 fehlte dem Bündnis die Gemeinsamkeit politischer und militärischer Zielsetzungen, die 1914 noch vorhanden war; das Bündnis zwischen dem Deutschen Reich und Österreich-Ungarn war mit der Beendigung der kriegerischen Auseinandersetzung mit Rußland weitgehend zu einer leeren Hülse geworden. Trotzdem fühlte sich der junge Kaiser Karl durch das Bündnis mit dem Deutschen Reich dem Bundesgenossen gegenüber verpflichtet, solange die Erfüllung der Bundespflichten mit den Pflichten eines österreichischen Kaisers seinen Völkern gegenüber zu vereinbaren war.

Die Aufgabe, die vom Schicksal dem neunundzwanzigjährigen Monarchen gestellt worden war, war nicht leicht zu erfüllen: Je länger der Krieg dauerte, desto weniger waren die Völker Österreichs bereit, für Österreichs Kaiser – als Verbündete der unbeliebten »Preußen« – zu kämpfen; unter dem Begriff »Preußen« wurden dabei im Lauf der Zeit alle deutschen Truppen zusammengefaßt, die unter der Führung Hindenburgs und Ludendorffs kämpften.

Dem Kaiser Franz Joseph war es noch gelungen, durch das Charisma seiner Persönlichkeit eine abendländische Reichsidee aufrechtzuerhalten, die – aus dem universalen Herrschaftsgedanken des Imperium Romanum entstanden – ihrem Wesen nach übernational war und die der Kaiser Franz Joseph im Auf und Ab seines Lebens als letzter noch einmal verkörpert hatte. Der Kaiser Franz Joseph hatte sich Zeit seines Lebens als deutscher Kaiser eines Vielvölkerstaats gefühlt, im gleichen Rang – wenn nicht übergeordnet – mit dem 1871 zum deutschen Kaiser proklamierten Preußenkönig stehend, mit dem ihn in den letzten Lebensjahren Wilhelms I. ein – man kann wohl sagen – freundschaftliches Verhältnis verband. Mit der Thronbesteigung des eine Generation jüngeren, praepotenten Hohenzollern Wilhelm II. endete dieses persönliche Freundschaftsverhältnis.

Der Nachfolger des Kaisers Franz Joseph, der neunundzwanzigjährige Kaiser Karl, stand Wilhelm II. von Anfang an kühl gegenüber. Das ganze Leben Kaiser Karls war durch seinen gläubigen Katholizismus geprägt; Wilhelm II. erschien ihm sehr bald nur noch als Marionette der in den Augen Kaiser Karls »ungläubigen« preußischen Clique um Ludendorff.

Je länger der Krieg dauert, desto tiefer wurde nicht nur die Kluft, die die beiden Herrscher in Berlin und Wien trennte; desto mehr strebten gleichzeitig auch die Völker der Doppelmonarchie Österreich-Ungarn auseinander. Die nichtdeutschen Völker wollten nicht mehr für einen

Vielvölkerstaat kämpfen, an dessen Spitze ein deutschstämmiger Kaiser stand. Die Verfassungen Österreichs einerseits und Ungarns andererseits widersprachen sich in einer Reihe von wesentlichen Punkten.

Für eine großösterreichische Reichsidee, die die verschiedenen Völker der Donaumonarchie gleichberechtigt erscheinen ließ, hatten die führenden ungarischen Politiker kein Verständnis; dahingehende Tendenzen waren für den Wortführer des politisch einflußreichen ungarischen Adels, den Grafen Tisza, – wie Graf Polzer-Hoditz berichtet – nur »gemeingefährlicher Wahnsinn«.

Für den Ungarn war der Habsburger in der Wiener Hofburg als Nachfolger des ersten christlichen Königs von Ungarn, des heiligen Stephan, der im Jahr 1001 von Papst Silvester II. die ungarische Königskrone erhielt, zuallererst – und weitgehend nur – Träger der ungarischen Krone, einer Krone, die für den gläubigen Katholiken bis heute den Charakter einer Reliquie besitzt. Zu den »Ländern der ungarischen Krone« gehörten auch Kroatien und Slawonien, während Dalmatien hinwiederum österreichisches Kronland mit eigener Verwaltung war.

Nicht nur Ungarn distanzierte sich im Laufe des Ersten Weltkriegs mehr und mehr vom Gedanken eines Vielvölkerstaats, dessen Führung in der Wiener Hofburg lag: In Galizien träumten Angehörige der führenden Schicht von der Wiederherstellung eines großpolnisch-ruthenischen Reichs; in Böhmen wuchs von Jahr zu Jahr der Wunsch nach einem unabhängigen tschechischen Staat; staatliche Selbständigkeit forderten auch Dalmatiner und Bosniaken, Kroaten und Slowenen.

Auch im deutschsprachigen Teil der Donaumonarchie gab es – spätestens seit der Jahreswende 1916/17 – verschiedene heterogene politische Gruppen, die eine Fortsetzung der Herrschaft der Habsburger ablehnten: Dazu gehörten einerseits die sogenannten »Deutschtümler«, Vertreter eines »großdeutschen« Gedankens, die den Vielvölkerstaat ablehnten und einen deutschen Nationalstaat ersehnten, der auch Österreich umfassen sollte, andererseits Sozialisten, die die Abschaffung der Monarchie propagierten, welches Herrscherhaus auch immer sie vertrat. Von der letztgenannten Gruppe sprach der boshafte Vers, der während des Ersten Weltkriegs oft zitiert wurde: »Er hängt an keinem Baume, er hängt an keinem Strick, er hängt nur an dem Traume der deutschen Republik«, einer Republik, die – für die Zeitgenossen selbstverständlich – auch den deutschsprachigen Teil des Habsburger Reichs erfassen mußte.

Der junge Kaiser Karl träumte andererseits von einem neuen Europa auf föderativer Grundlage, in das Österreich-Ungarn eingehen sollte: Doch es blieb beim Traum. Nur wenige verstanden den jungen österreichischen Kaiser, der sich in einem Augenblick als ein Europäer fühlte und bekannte, in dem extremer, kleinbürgerlicher Nationalismus das Handeln der meisten europäischen Politiker bestimmte. Dieser Nationalismus stand in krassem Widerspruch zu dem übernationalen Gedanken, der die Grundlage des Vielvölkerstaates Österreich gewesen war, den der greise Kaiser Franz Joseph bis zu seinem Tod verkörperte und dem der junge Kaiser Karl zu dienen bereit gewesen war; dieser Nationalismus fand andererseits in dem von Preußen geschaffenen Deut-

schen Reich seinen deutlichsten Ausdruck. Wenn der Reichskanzler Bethmann-Hollweg nach dem Ausbruch des Ersten Weltkriegs von einem »Entscheidungskampf zwischen Germanen und Slawen« sprach, so war dies im Grunde nichts anderes als ein Bekenntnis zu diesem Nationalismus, der im sogenannten preußischen »Junkertum« wohl seine reinste Verwirklichung fand.
Der preußische Junker lebte und starb für die Nation, der er angehörte und zu der er sich bekannte. Der süddeutsche Hochadel hingegen, der sich im Lauf der Geschichte mit dem Adel Böhmens, Ungarns, Italiens und Frankreichs versippt und Herrschern gedient hatte, die sich römische Kaiser nannten, fühlte sich keiner Nation, sondern nur einerseits dem Kaiser und der supranationalen Idee, die er verkörperte, und andererseits der eigenen Familie verpflichtet. Dieser Unterschied besteht auch heute noch fort; nur so ist es zu erklären, daß heute ein Fürst Schwarzenberg – aus der unterfränkischen Familie der Grafen von Seinsheim stammend – an politisch entscheidender Stelle in der Tschechoslowakei tätig ist.
Auch der junge Kaiser Karl dachte nicht so sehr in nationalen, wie in imperialen Kategorien: Die Idee des Imperiums, das über alle nationalen Grenzen hinausragt und diese nationalen Grenzen relativiert, ist im Grunde ein uralter Leitgedanke; er kehrt in verwandelter Form heute im Begriff eines »Europa der Vaterländer« wieder. Bemerkenswert ist, daß das in der Mitte Europas liegende Deutschland seit jeher – von den Zeiten des alten Imperiums bis zur Europäischen Gemeinschaft der Gegenwart – immer wieder als Vorkämpfer einer europäi-

schen Einigung erscheint. Diese Einigung kann – das hat Adolf Hitler völlig verkannt, der letzte österreichische Kaiser hingegen klar gesehen – nie durch Kriege, sondern nur durch einen europäischen Frieden hergestellt und gesichert werden. Es war der Fehler der preußischen Politik seit der Zeit des »großen Kurfürsten«, nie in europäischen Kategorien – und damit übernational – sondern stets, sei es in national-preußischen, sei es in national-deutschen Kategorien gedacht und in Kriegen die Führung in Deutschland erreicht und in Europa angestrebt zu haben. Der Österreicher Adolf Hitler war in seinen Plänen, dem Deutschen Reich die Führungsrolle in Europa »mit Blut und Eisen« zu erkämpfen, hoffentlich der letzte Vertreter der Idee, Europa »mit dem Schwert« zu einigen – einer Idee, die in ihrem Wesen unösterreichisch war.

Österreich hatte für die europäische Einigung seit Jahrhunderten eine besondere Rolle gespielt: Es ist deshalb zu vertreten, wenn wir dem Bemühen des letzten österreichischen Kaisers um einen Frieden, von dem er hoffte, daß er Europas Völker wieder zusammenführt, ein besonderes Kapitel – das letzte dieses Buches – widmen.

10. KAPITEL

Die Wende 1917

Schon im vorhergehenden Kapitel war vom Wechsel des Staatsoberhaupts in Österreich und der dadurch bedingten Abkühlung des Verhältnisses zwischen dem Deutschen Reich unter preußischer Führung einerseits und dem österreichischen Vielvölkerstaat andererseits gesprochen worden. Für den Weg der gesamten europäischen Staatenwelt in den letzten beiden Kriegsjahren war die Entwicklung Österreichs von entscheidender Bedeutung. Man kann den Weg Europas seit Anfang 1917 nicht schildern, ohne auf die Ereignisse in und um Österreich seit dem Tod des Kaisers Franz Joseph gesondert einzugehen.

Schon im unbeschränkten U-Boot-Krieg ging es nicht mehr um eine rasche Vernichtung des Gegners, sondern um seine allmähliche Schwächung im Lauf einer langen Zeit; der Kriegseintritt der Vereinigten Staaten von Amerika bedeutete zwangsläufig eine Verlängerung des Krieges um Jahre. Jedem militärischen Führer auf dem westlichen Kriegsschauplatz mußte es klar sein, daß der Krieg nicht mehr in einer Entscheidungsschlacht entschieden, sondern im Lauf der Jahre von der Staatengruppe gewonnen würde, die den längeren Atem hatte.

Diese Wendung war für Österreich-Ungarn verhängnisvoll: Jedes Kriegsjahr, jeder Kriegsmonat brachte den Vielvölkerstaat Österreich-Ungarn der Auflösung und dem Chaos näher. Von dem Augenblick an, in dem er die Nachfolge seines Großonkels als Kaiser des letzten europäischen Vielvölkerstaats in einem Zeitpunkt angetreten hatte, in dem es in Europa sonst nur noch Nationalstaaten gab, sah sich der neunundzwanzigjährige Kaiser Karl nach Lage der Dinge vor die schwere Entscheidung gestellt, entweder den Bündnisvertrag mit dem von Preußen geführten Deutschen Reich so, wie es der Bundesgenosse erwartete und verlangte, zu erfüllen und damit früher oder später das Vielvölkerreich, dessen Krone ihm übertragen war in einem Krieg, dessen Ende nicht abzusehen war, der Auflösung preiszugeben oder aber sich um des Fortbestandes Österreich-Ungarns willen von dem Bündnis mit dem Deutschen Reich zu lösen, um möglichst bald einen Sonderfrieden zu schließen.
Diese Entscheidung, die seinem Vorgänger seines Alters willen noch erspart geblieben war, ist dem jungen Kaiser nicht leicht gefallen; er hat darüber mit sich innerlich gerungen. Die Kaiserin wußte von dieser schweren Entscheidung, vor die Karl gestellt war und half ihm sicher durch ihr Gebet – und vielleicht auch durch ihren Rat. Die Zeit zur Überlegung war kurz: Der junge Kaiser entschied sich – wie wir an anderer Stelle schon berichten konnten – für den Frieden und damit gegen den Bundesgenossen, gegen das von Preußen geführte Deutschland. Als Friedenswerber bot sich Kaiser Karl sein Schwager Prinz Sixtus von Parma an. Er hatte vieles mit dem Kaiser gemeinsam: Den christlichen Humanis-

mus, ein ausgeprägtes Verantwortungsbewußtsein und den Willen, Verantwortung zu tragen, und last not least den Glauben an die besondere Sendung des Herrscherhauses, zu dem sie sich jeweils bekannten; für Sixtus war dies das Haus Bourbon, für Karl das Haus Habsburg. Graf Arthur Polzer-Hoditz, einer der engsten und getreuesten Mitarbeiter des jungen Kaisers, berichtet in seinen Lebenserinnerungen über den Gedankenaustausch zwischen dem Kaiser und seinem Schwager: »Von zwei völlig verschiedenen Standpunkten ausgehend, begegneten sich ihre Meinungen in einem Punkt: Ein Anwachsen der preußischen Militärmacht war bedrohlich in gleicher Weise für die Sicherheit Frankreichs wie für die Selbständigkeit des Habsburgerreichs.« In einer Fortsetzung des Krieges, so Polzer-Hoditz, sah Kaiser Karl »keinen möglichen Gewinn für die Völker, die er regierte« und denen zu nützen ihm vordringlichste Herrscherpflicht schien.

Gerhard Ritter berichtet, daß Kaiser Karl schon im Dezember 1916 »den Papst in einem persönlichen Schreiben um Unterstützung des Friedensappells der Mittelmächte in der Form einer öffentlichen Kundgebung« gebeten hat. »Auf Anregung des Nuntius Aversa verfaßte Viktor Naumann im Wiener Außenministerium eine große Denkschrift für den Papst, die Ende April 1917 nach Rom übermittelt und auch dem deutschen Reichskanzler Bethmann-Hollweg vorgelegt wurde. Darin wurde mit äußerst grellen Farben die Gefahr ausgemalt, die für die Katholische Kirche entstehen würde, wenn der Papst die Agitation für den Frieden dem internationalen Sozialismus . . . allein überließe.«

Diese Denkschrift hatte offenbar keine wirkliche Auswirkung. Den Papst von der Notwendigkeit eines Friedensschlusses zu überzeugen, hieß Eulen nach Athen tragen; Bethmann-Hollweg, der als Reichskanzler vergeblich gegen den Willen seines Kaisers, Wilhelms II., den Frieden zu erhalten getrachtet hatte, stand selbst in seinem Kampf für die Rückkehr zum Frieden – einem Frieden, den Ludendorff nicht wollte – mit dem Rücken gegen die Wand.

Wesentlich bedeutsamer als die Denkschrift an den Papst war die Zusammenarbeit Kaiser Karls mit seinem Schwager und Jugendfreund Sixtus, bei der es letztlich um die Existenz des Vielvölkerreichs ging, dessen Krone Karl trug und dem die Auflösung in eine Vielzahl kleiner, auf Selbständigkeit pochender Nationalstaaten drohte. Als Kaiser fühlte sich Karl verpflichtet, einen solchen Untergang Österreichs mit allen ihm zur Verfügung stehenden Mitteln zu verhindern. Er war durch das »Bündnis« mit Deutschland im wahrsten Sinne des Wortes »gebunden«; andererseits war er mehr noch als dem deutschen Bundesgenossen den Nationen verpflichtet, die in dem Vielvölkerstaat Österreich-Ungarn eine gemeinsame Heimat gefunden hatten. Er mußte als Oberhaupt dieses Staates alles tun, um ihn als Einheit zu retten. Das verlangten seine Stellung und die Tradition seiner Familie.

In einem früheren Brief an seine Schwester, die Kaiserin, hatte Prinz Sixtus die »Grundbedingungen« genannt, unter denen Frankreich seiner Ansicht nach zu einem Friedensschluß bereit sei:

1. Zurückgabe von Elsaß-Lothringen an Frankreich ohne Entschädigung durch Kolonien,
2. Wiederherstellung des Königreichs Belgien,
3. Übergabe von Konstantinopel an den russischen Zaren,
4. Wiederherstellung eines durch Albanien vergrößerten Serbiens.

Die Zukunft Polens wird in dieser Aufstellung interessanterweise nicht erwähnt. Mit der polnischen Frage befaßte sich hingegen ein Kronrat, den der junge Kaiser am 12. Januar 1917 einberufen hatte; in diesem Kronrat wurde die Erhaltung des noch bestehenden Vielvölkerstaats unter kaiserlicher Führung als einziges und unverzichtbares Kriegsziel Österreichs festgelegt, die Möglichkeit eines Sonderfriedens zwischen Rußland und den Mittelmächten positiv erörtert und der Abschluß eines »Dreikaiserbündnisses« unter Einschluß Rußlands als wirklichkeitsnahe Möglichkeit ins Auge gefaßt.

Am 13. Feburar 1917 kam es in dem Schweizer Städtchen Neuchâtel auf Wunsch des jungen Kaisers und mit Wissen und Billigung des französischen Staatspräsidenten Raymond Poincaré zu Gesprächen zwischen den beiden Schwägern Kaiser Karls, den Prinzen Sixtus und Xavier von Parma, die damals in der französischen Armee dienten, und einem Jugendfreund des Kaisers, dem Grafen Thomas Erdödy, Obergespan des Komitats Varasdin; bei diesen Gesprächen wurden u. a. auch die Möglichkeiten eines Friedensschlusses zwischen Österreich und Frankreich erörtert. Erdödy teilte seinen Gesprächspartnern mit, daß Kaiser Karl zu Gesprächen über die ersten drei vom Prinzen Sixtus genannten

»Grundbedingungen« bereit sei, daß er jedoch Vorbehalte hinsichtlich der Wiederherstellung eines durch Albanien vergrößerten Serbien habe, da er an die Gründung eines autonomen jugoslawischen Königreichs denke, das Bosnien, die Herzegowina, Serbien, Albanien und Montenegro umfassen und an dessen Spitze ein österreichischer Erzherzog stehen sollte – eine Lösung, der nach Ansicht des Kaisers auch Frankreich zustimmen könne. Die Gespräche zwischen dem Grafen Erdödy und den beiden Prinzen von Parma wurden am 21. Februar 1917 fortgesetzt; im Zug dieser Unterredungen wurde Prinz Sixtus von Parma von Erdödy im Auftrag des jungen Kaisers zu einem Besuch in Wien eingeladen.
Schon am 18. Februar 1917 hatte Österreichs Außenminister, Ottokar Graf Czernin, ein Berufsdiplomat, Richtlinien für weitere Verhandlungen ausgearbeitet, die unter anderem einerseits von der Unauflöslichkeit des Bündnisses zwischen Österreich-Ungarn, dem Deutschen Reich, der Türkei und Bulgarien ausgingen und einen Separatfrieden eines der genannten verbündeten Staaten ausschlossen, andererseits von der Möglichkeit weitgehender wirtschaftlicher Zugeständnisse Österreich-Ungarns an Serbien sprachen und erklärten, daß sich Österreich-Ungarn einem Verzicht Deutschlands auf Elsaß-Lothringen »nicht entgegenstellen« werde. Österreich-Ungarns Kaiser denke nicht daran, irgendeinen der Staaten, gegen die er gezwungen sei Krieg zu führen – auch Rumänien nicht –, zu vernichten; er führe einen Verteidigungskrieg, dessen Zweck in dem Augenblick erreicht sei, in dem die freie Entwicklung aller Völker Österreichs im Rahmen der Donaumonarchie ge-

sichert sei. In Österreich-Ungarn beständen keine Privilegien für einzelne Nationen; die Slawen genössen die gleichen Rechte wie die Deutschen und seien dem österreichischen Kaiser und seinem Reich treu ergeben.

Das in deutscher Sprache niedergeschriebene Original dieser Grundsatzerklärung wurde später vernichtet, nachdem sie von Prinz Xavier von Bourbon ins Französische übersetzt worden war; die französische Übersetzung wurde dem französischen Staatspräsidenten Raymond Poincaré vorgelegt, der sie – bei einem späteren Besuch des Prinzen Sixtus am 5. März 1917 – als Unterlage zu Friedensverhandlungen als nicht ausreichend bezeichnete, ein Urteil, das den Kaiser zu eigenhändigen Zusätzen zu dem Czerninschen Entwurf veranlaßte. In diesen Zusätzen erklärte Kaiser Karl, er werde in der Frage Elsaß-Lothringen Frankreich unterstützen und auf Deutschland einen entsprechenden Druck ausüben. Sein einziges Ziel, so erklärte der Kaiser, sei es, die Einheit aller Völker Österreich-Ungarns und damit die österreichische Monarchie in ihrer derzeitigen Größe zu erhalten. Diese Zusätze des Kaisers zu der nüchternen Erklärung Czernins veranlaßten Poincaré, für eine Fortsetzung des Gesprächs zwischen dem Prinzen Sixtus von Parma und seinem kaiserlichen Schwager einzutreten.

Die Verhandlungen in Neuchâtel wurden von den Gesprächspartnern und den hinter ihnen stehenden führenden Politikern streng geheimgehalten. Auf österreichischer Seite wußten außer den unmittelbar beteiligten nur der Kaiser und die Kaiserin, die Mutter der Kaiserin und der Außenminister Graf Ottokar Czernin, auf französischer Seite neben dem Staatspräsidenten

Raymont Poincaré nur der französische Botschafter in London, Pierre Paul Cambon, und der Protokollchef des französischen Außenministeriums, Martin, von den geführten Gesprächen.
Graf Polzer-Hoditz berichtet weiter, am 8. März 1917 sei Prinz Sixtus abermals von Poincaré empfangen worden, »der ihm mitteilte, daß Ministerpräsident Briand gleich ihm der Meinung sei, die vier erwähnten Punkte seien die conditio sine qua non gegenüber Österreich. Wenn eine formelle Zusage in diesen vier Punkten vorliegen werde, würden er und Briand den König von England und den Zaren in Kenntnis setzen.«
In der ersten März-Hälfte hatte, so erzählt Graf Polzer-Hoditz, »Graf Czernin dem deutschen Reichskanzler – es war immer noch Bethmann-Hollweg – mitgeteilt, daß er ›Gelegenheit zu nicht aussichtslosen Friedensbesprechungen mit Frankreich zu haben glaube‹. Bethmann-Hollweg begab sich nach Wien, wo er am Vormittag des 16. März 1917 mit Graf Czernin eine Besprechung hatte. Am Nachmittag desselben Tages fand eine Konferenz statt, an der außer Czernin und Bethmann auch der deutsche Botschafter Graf Wedel, der österreichische Botschafter in Berlin, Prinz Hohenlohe, der Botschafter von Mérey und der Dirigent der Politischen Abteilung des Auswärtigen Amts in Berlin, von Stumm, teilnahmen.«
»Am 19. März waren die Prinzen Sixtus und Xavier in Genf eingelangt. Am Abend desselben Tages findet sich Graf Erdödy ein, der am 15. März nachmittags in Laxenburg« – einem Wohnsitz der kaiserlichen Familie – »von Kaiser Karl die nötigen Instruktionen erhalten

hatte und der den Prinzen die dringende Bitte des Kaisers und der Kaiserin überbrachte, nach Wien zu kommen, um die Friedenssache zu fördern.« Soweit der Bericht des Grafen Polzer-Hoditz.
Schon am Abend des darauffolgenden Tags – das heißt am Abend des 20. März – traten die Prinzen Sixtus und Xavier von Parma in Begleitung des Grafen Erdödy die Reise an; für die Fahrt hatten sie Decknamen angenommen und entsprechende Papiere erhalten. Sie benutzten – mit Ausnahme des Arlbergs, über den sie mit einem Auto fuhren – bis Wien die Eisenbahn.
Am 22. März 1917 abends in Wien angekommen, »stiegen sie – wie Graf Polzer-Hoditz berichtet – in der Wohnung des Grafen Erdödy in der Landkrongasse ab. Erdödy selbst begab sich noch nachts nach Laxenburg und übergab dem Kaiser einen Brief, den Prinz Sixtus am 16. März 1917 in Paris geschrieben hatte,« und in dem er seinen Schwager bat, er möge präzise und unzweideutig zu den schon mehrmals erwähnten vier Punkten Stellung nehmen und »soweit es an Österreich läge, Elsaß-Lothringen Frankreich in dem Umfang zuerkennen, in dem es dies einst besessen hat«.
Am Abend des 23. März 1917 empfingen der Kaiser und die Kaiserin in Laxenburg den Prinzen Sixtus von Bourbon. Nach einer Schilderung des Prinzen Sixtus, die Graf Polzer-Hoditz in seinen Lebenserinnerungen übernommen hat, begann der Kaiser die Unterredung mit den Worten: »Es muß unbedingt Frieden geschlossen werden: Ich will es um jeden Preis.« Polzer-Hoditz berichtet, im Verlauf des Gesprächs habe Kaiser Karl betont, daß er alles versucht habe, um die deutsche Führung zu einem

Friedensschluß ohne Sieger und Besiegte zu gewinnen; in den maßgebenden Kreisen Deutschlands bestehe aber nicht einmal der Gedanke an einen Frieden. Kaiser Karl, so berichtet Polzer-Hoditz, betonte eindringlich seine Pflicht, die ihm als Bundesgenossen gegenüber Deutschland obliege und die nicht früher aufhören könne, als bis Österreich an Deutschland die klare Frage gestellt habe, ob es vernünftig über ein Ende der Feindseligkeiten verhandeln wolle »und bis Deutschland sich unbedingt geweigert habe, dies zu tun«.
Am 24. März 1917 kam Graf Ottokar Czernin in die Wohnung Erdödys, um mit dem Prinzen Sixtus zu sprechen; am Abend dieses Tages übergab dann der Kaiser seinem Schwager Sixtus einen an diesen gerichteten Brief, in dem er zunächst auf den Willen »aller Völker seines Reiches« hinweist, die Unversehrtheit der Monarchie selbst um den Preis der schwersten Opfer zu wahren. »Frankreich hat« – so fährt Kaiser Karl in seinem Brief dann fort – »seinerseits eine Widerstandskraft und einen prachtvollen Elan gezeigt«, wir alle bewundern ohne Vorbehalt – so stellt Kaiser Karl fest – »die herrliche, traditionelle Tapferkeit seiner Armee und die Opferwilligkeit des ganzen französischen Volkes. Es ist mir besonders angenehm zu sehen, daß, obgleich wir derzeit Gegner sind, mein Reich von Frankreich kein wirklicher Widerspruch in den Auffassungen und Bestrebungen trennt und daß ich berechtigt bin, hoffen zu können, daß meine lebhaften Sympathien für Frankreich – vereinigt mit jenen, welche in der ganzen Monarchie herrschen – für alle Zukunft die Wiederkehr des Kriegszustandes, für welchen mich keine Verantwortung treffen kann,

verhüten werden. Zu diesem Zweck und um die Wirklichkeit dieser Gefühle genau auszudrücken, bitte ich Dich, geheim und inoffiziell, Herrn Poincaré, dem Präsidenten der französischen Republik, zur Kenntnis zu bringen, daß ich mit allen Mitteln und unter Anwendung meines ganzen persönlichen Einflusses bei meinen Verbündeten die gerechten Rückforderungsansprüche Frankreichs mit Bezug auf Elsaß-Lothringen unterstützen werde.«

In der Folge beschäftigt sich der Kaiser in dem Brief an Sixtus mit der Zukunft Belgiens und Serbiens, die beide nach den Vorstellungen Karls ihr früheres Gebiet und ihre frühere Selbständigkeit wieder erhalten sollten. Am Schluß seines Briefes bittet der Kaiser seinen Schwager durch Rücksprache mit französischen und englischen Staatsmännern »das Terrain für ein Einvernehmen vorzubereiten, auf dessen Grundlage offizielle Besprechungen eingeleitet und zur Befriedigung aller zu Ende geführt werden könnten«.

In den Gesprächen mit seinem Schwager Sixtus hatte – so berichtet Graf Polzer-Hoditz – der Kaiser eindringlich seine Pflicht betont, »die ihm als einem Bundesgenossen gegenüber Deutschland obliege und die nicht früher aufhören könne, als bis Österreich an Deutschland die klare Frage gestellt habe, ob es vernünftig verhandeln wolle und bis Deutschland sich unbedingt geweigert habe, dies zu tun.« Soweit der Bericht des Grafen Polzer-Hoditz.

Am 31. März 1917 unterrichtete Prinz Sixtus von Parma den Präsidenten der französischen Republik Raymond Poincaré, vom Inhalt des an ihn gerichteten Briefs des österreichischen Kaisers; Poincaré hielt es für seine Pflicht, den erst seit kurzem im Amt befindlichen französischen Ministerpräsidenten, Alexandre Ribot, vom Inhalt der Denkschrift Kaiser Karls zu unterrichten. Ribot – ein Deutschenhasser, der einen Verständigungsfrieden ablehnte und der für die Erfüllung der italienischen Gebietsforderungen, d.h. für die Brennergrenze, eintrat – informierte seinerseits sofort Lloyd George. Ribot, »von allem Anfang an zurückhaltend, mißtrauisch und zögernd«, forderte – so erzählte Graf Polzer-Hoditz – es müsse erst auch der italienische Ministerpräsident »Sonnino von dem Schritt des Kaisers in Kenntnis gesetzt und bezüglich der Forderungen Italiens gehört werden... Erst als sich Poincaré, Jules Cambon und Paul Cambon... der Meinung des Prinzen Sixtus anschlossen, gab Ribot seinen Standpunkt auf und akkomodierte sich, wenn auch ungern, der Meinung des Prinzen Sixtus.«

Auch auf seiten der Entente stieß die Friedensaktion Kaiser Karls auf beinahe unüberwindliche Hindernisse. Emil Franzel berichtet darüber: »Italien fürchtete, um seine Beute geprellt zu werden, berief sich auf das Londoner Protokoll und drohte, seinerseits einen Sonderfrieden mit Deutschland zu schließen. In Frankreich stand man, ebenso wie in England, dem österreichischen Vorschlag zunächst wohlwollend gegenüber, hätte allerdings lieber einen Sonderfrieden mit Wien geschlossen, und stellte dem Kaiser Karl die Rückgabe Schlesiens sowie interessanterweise die Annullierung des Hohenzollernschen Kaisertitels in Aussicht, damit es ›in Europa wieder nur einen Kaiser‹ gebe.«

Emil Franzel fährt fort: »Nach der Staatskrise, die Frankreich im Frühjahr 1917 durchmachte, kamen in Paris Politiker ans Ruder, die zweifellos sehr weitgehend unter dem Einfluß der Freimaurerlogen standen. Ihnen war die Zerstörung des Habsburgerreiches als einer katholischen Großmacht ein wichtigeres Kriegsziel als die Rettung des europäischen Gleichgewichts. Die skrupellose Agitation der tschechischen Emigranten im Westen, Thomas Masaryks und vor allem seines Beraters Edvard Beneš, spielte bei der Abkehr der Franzosen von den Friedensplänen Kaiser Karls ebenfalls eine große Rolle.«
Noch schädlicher als die Haltung der tschechischen Autonomisten war für die von Kaiser Karl verfolgte gesamtösterreichische Politik die Stellungnahme der ungarischen Führungsschicht, zu der auch Graf Tisza – der Berater des Kaisers – gehörte; die ungarischen Aristokraten forderten nach der Besetzung Rumäniens durch die Streitkräfte der Mittelmächte die Einverleibung Rumäniens in das ungarische Staatsgebiet. Dies in einem Augenblick, in dem der österreichische Kaiser um den Bestand des Vielvölkerstaates bangte, dessen Teil auch Ungarn war...
Ich zitiere weiter den Kabinettchef des Kaisers, Graf Polzer-Hoditz: »Entsprechend seiner am 24. März 1917 geäußerten Absicht unternahm... Kaiser Karl am 2. April 1917 den Versuch, Kaiser Wilhelm und die maßgebenden deutschen Staatsmänner und Generale zum Abschluß eines Friedens unter Preisgabe von Elsaß-Lothringen zu bewegen. Zu diesem Zweck stattete Kaiser Karl, begleitet von Czernin und Arz, seinen Bun-

desgenossen einen Besuch ab ... Am 2. April traten die Majestäten die Reise in das deutsche Hauptquartier an, welches sich damals in Homburg vor der Höhe befand. Graf Czernin brachte damals, zu Beginn der Reise, Kaiser Karl »die Nachricht, daß Italien ein Friedensangebot gemacht habe; es verlange aber Südtirol, was Czernin als indiskutabel bezeichnete«.

Graf Polzer-Hoditz erzählt in seinen Lebenserinnerungen ausführlich von diesem Besuch, an dem er teilgenommen und bei dem Graf Czernin ein längeres Gespräch mit Ludendorff geführt hatte, das nach dem Bericht von Graf Polzer-Hoditz »über die Feststellung, verschiedener Meinung zu sein, nicht hinausging«. Das gleiche läßt sich wohl von allen Gesprächen sagen, die am 2. und 3. April 1917 zwischen führenden deutschen und österreichischen Persönlichkeiten stattfanden. Mit der Bemerkung: »Doch – immerhin – die erste Warnung war erfolgt«, schließt Graf Polzer-Hoditz seinen Bericht über diese Begegnung der Spitzen der »Noch-Verbündeten«.

Graf Polzer-Hoditz fährt fort: »Einen zweiten Versuch, unsere Bundesgenossen zur Nachgiebigkeit zu bewegen, unternahm Kaiser, indem er die bekannte Denkschrift vom 12. April, welche er gemeinsam mit Graf Czernin verfaßt hatte, dem deutschen Kaiser übersandte. Die Denkschrift sollte diesen über unsre Lage aufklären, den Siegfriedenswillen brechen und Österreich für alle Fälle die Freiheit des Handelns sichern. Auch dürfte mit der Verfassung dieser Denkschrift die Absicht verfolgt worden sein, ein schriftliches Dokument zu schaffen, auf das man hinweisen könnte, falls Österreich seine eigenen

Wege ginge.« Graf Polzer-Hoditz betont, daß die Denkschrift »nicht übertrieb, sondern ein vollkommen wahrheitsgetreues Bild der damals trostlosen Zustände lieferte«.
Leider hat, wie Graf Polzer-Hoditz feststellt, die düstere Schilderung der Lage deutscherseits keinen Glauben gefunden; Wilhelm II. maß ihr keine besondere Bedeutung zu. Er stand voll und ganz unter dem Einfluß Ludendorffs, der immer mehr Macht in seinen Händen vereinigte. Für Ludendorff war die Entwicklung in Österreich uninteressant, soweit es nicht um jenen Teil der deutschsprachigen Österreicher ging, der mit der baldigen Auflösung des Vielvölkerstaats rechnete und auf einen Anschluß des deutschsprachigen Teils der Donaumonarchie an das Deutsche Reich hoffte: In einem solchen Anschluß sah dieser Teil der Deutschösterreicher die Vollendung des von Bismarck begonnenen Baus eines neuen Deutschen Reichs unter preußischer Führung.
Die Position Wilhelms II. kann mit der Stellung des letzten österreichischen Kaisers nicht verglichen werden: In Deutschland konnte man zu Recht mit einem Fortbestand des Reichs auch für den Fall eines Sturzes der Hohenzollern rechnen. Das von Bismarck geschaffene Reich war – nicht nach dem Entwurf Bismarcks, sondern als Folge der innerpolitischen Entwicklung seit der Reichsgründung – nicht an die Hohenzollerndynastie gebunden; es konnte, wie die geschichtliche Entwicklung gezeigt hat, auch in einer anderen Staatsform fortbestehen. Österreich-Ungarn hingegen stand und fiel mit dem Kaiser aus dem Hause Habsburg; es war als

Staat nicht ohne das Herrscherhaus denkbar. Man könnte überspitzt sagen, daß die Monarchie für das Deutsche Reich eine mögliche, für Österreich-Ungarn hingegen eine existentiell notwendige Staatsform war. Dies nicht erkannt und die Lage des Vielvölkerstaats Österreich nur aus der Sicht eines Staats gesehen zu haben, der nur ein Volk – und auch dieses nicht ganz – umfaßte, war einer der großen Fehler des letzten deutschen Kaisers und seiner engsten Berater, Ludendorff mit eingeschlossen.

Während Wilhelm II. immer noch von einem deutschen Sieg träumte, auf den Erfolg des unbeschränkten U-Boot-Kriegs wartete, und von einem Erwerb der Kongokolonie und des Erzbeckens von Briey durch das Deutsche Reich sprach, bangte Karl von Österreich um die Existenz seines Staats. Gerhard Ritter stellt fest: »Die törichten Schlagworte ›von Siegfrieden‹ und ›Verzichtfrieden‹, ›Hindenburg- und Scheidemann-Frieden‹ wurden« im Deutschen Reich »zu Kampfparolen eines sich immer mehr verbitternden Streites zwischen rechts und links. Eines Streites, der«, so stellt Gerhard Ritter fest, »zu so tiefer Spaltung unserer Nation führte, daß jedes gegenseitige Verstehen aufhörte, und der das politische Leben Deutschlands bis ans Ende der Weimarer Republik vergiftet hat. Den Auftakt dazu bildete Ende August 1917 die Gründung der sogenannten ›Vaterlandspartei‹ ... Ihr Ziel war die Bekämpfung der »von der Mehrheit des deutschen Reichstags angenommenen« Friedensresolution und der dahinter stehenden Gesinnung, ihr Ergebnis die Ausbreitung militaristischer und annexionistischer Ideen in breiten Schichten des Bürgertums mit den Mitteln der modernen Massenpropaganda... Dazu trug auch noch bei, daß die Agitation der ›Vaterlandspartei‹ die weitgehende Unterstützung durch die Deutsche Oberste Heeresleitung »und den von Ludendorff organisierten ›vaterländischen Unterricht‹ der Truppe erfuhr... Es gehörte zur Methode dieser ›vaterländischen Agitation‹, den Reichstag wegen seiner ›Schmachfriedensresolution‹ auf die gröbste Weise zu beschimpfen, ja des Landesverrats zu beschuldigen.«

Doch zurück zum April 1917. Er war kein glücklicher Monat für die Mittelmächte. Im Deutschen Reich hatte sich die Sozialdemokratische Partei auf einer Tagung in Gotha vom 9. bis 11. April gespalten: Der linke, auf einen baldigen Friedensschluß »ohne Annexionen und Kontributionen« drängende Flügel der Sozialdemokraten trennte sich vom »rechten« Flügel und schloß sich zu einer neuen »Partei unabhängiger Sozialisten« zusammen. Mitte April mußten in Deutschland und Österreich die Lebensmittelrationen für die Zivilbevölkerung gekürzt werden. Eine gefährliche Streikbewegung zeichnete sich ab; die Wiener Regierung sah sich angesichts der wachsenden Unruhe in der Bevölkerung gezwungen, den seit Frühjahr 1914 vertagten Reichsrat der österreichischen Reichshälfte einzuberufen.

Für die Gegner der Mittelmächte brachte das Frühjahr 1917 hingegen erfreuliche Entwicklungen: Die Vereinigten Staaten hatten Deutschland den Krieg erklärt – eine Entscheidung, die angesichts der militärischen und wirtschaftlichen Stärke der USA den Westmächten den Sieg garantierte, gleichzeitig aber auch – wenn Deutschland politisch nicht nachgab, wobei jedes

»Nachgeben« mit einem schmerzlichen »Aufgeben« verbunden war – den Krieg bis zur völligen Erschöpfung und Ausblutung des Deutschen Reichs verlängerte. Dies erkannte der junge österreichische Kaiser; daher intensivierte er seine Friedensbemühungen, zumal die Gefahr bestand, daß der Kriegseintritt der Vereinigten Staaten Italien veranlassen werde, seine an sich schon weitgehenden Gebietsforderungen an Österreich ins Maßlose zu erhöhen und die 1809 von Napoleon kurzfristig geschaffene Brennergrenze erneut als Grenze Italiens zu fordern.

Die Staatsmänner Italiens scheinen die ersten gewesen zu sein, die die Bedeutung der amerikanischen Kriegserklärung für eine Neugliederung Europas nach Kriegsende erkannten und aus dieser Erkenntnis Konsequenzen zogen. »Am 19. April 1917 fand«, so berichtet Graf Polzer-Hoditz, »in Saint-Jean-de-Maurienne eine Zusammenkunft Lloyd Georges, Ribots und Sonninos statt, bei welcher letzterer erklärte, daß die im Londoner Protokoll niedergelegten Kriegsziele Minimalziele seien«, die jedenfalls erreicht werden müßten, über die man aber ohne weiteres hinausgehen könne. »Jules Cambon überbrachte denn auch in seiner Eigenschaft als Generalsekretär des Ministeriums des Äußeren am 22. April dem Prinzen Sixtus die ablehnende Haltung auf das Friedensangebot Kaiser Karls. Sie war damit begründet worden, daß in den Vorschlägen, welche zur Kenntnis der französischen Regierung gelangten, die Ansprüche Italiens mit Stillschweigen übergangen worden seien, die in Saint-Jean-de-Maurienne gepflogenen Verhandlungen jedoch ergeben hätten, daß die italienische Re-

gierung nicht gesonnen sei, auch nur eine der bei Eintritt in den Krieg gestellten Bedingungen fallen zu lassen. Prinz Sixtus teilte... in einem vom 22. April 1917 datierten Brief Kaiser Karl diese Sachlage mit, der Meinung Ausdruck gebend, daß das bisherige Ergebnis immerhin einen entscheidenden Schritt zum Frieden bedeute. Er übergab diesen Brief Erdödy, mit dem er am 25. April in der Schweiz – in dem Städtchen Zug – zusammentraf, und trug diesem auf, den Kaiser dazu zu bewegen, daß er durch Vermittlung der Entente mit Italien Verhandlungen anknüpfe.
Der Eintritt Amerikas in den Krieg mache einen Friedensschluß für Österreich noch dringender, als dies im vorigen Monat der Fall war. Lloyd George sei persönlich der Meinung, daß sich Italien schließlich mit dem italienischen Teil von Südtirol und einigen dalmatinischen Inseln begnügen werde. Am 26. April verließ Erdödy Zug, um diese Botschaft dem Kaiser zu überbringen. Am Abend des 4. Mai traf er neuerdings in der Schweiz, und zwar in Neuchâtel, ein und überbrachte dem Prinzen Sixtus zwei Briefe, einen in deutscher Sprache verfaßten Brief Kaiser Karls und einen französischen Brief der Kaiserin. In dem ersteren dankte der Kaiser seinem Schwager für dessen Mitteilung, äußerte seine Zufriedenheit über die guten Grundlagen des Friedens, doch es seien zwei Dinge unklar: ›Es ist absolut notwendig, daß ich Dich sehe. Von Deinem Kommen hängt der Friede ab.‹ – Kaiserin Zita schreibt: ›Il y a des choses nouvelles et qui ne sont pas claires. L'Italie veut obtenir d'avantage par vous que directement par nous. Viens.‹«
Erdödy überbrachte auch die mündliche Mitteilung des

Kaisers, vor ungefähr drei Wochen habe Italien den Frieden angeboten und seine Forderungen auf den italienischen Teil von Südtirol beschränkt. Der Kaiser habe mit Rücksicht auf die im Gang befindlichen Gespräche abgelehnt, gesondert und ohne Rücksprache mit den deutschen Verbündeten zu verhandeln. Auch die neue russische Führung habe Österreich den Frieden angeboten. Im Fall eines Friedensschlusses mit der Entente würden die Türkei und Bulgarien folgen; doch es sollten diese nicht schon jetzt in den Frieden mit eingeschlossen werden, weil dies Verzögerungen zur Folge hätte. Unter anderem teilte Graf Erdödy dem Prinzen Sixtus auch das Verlangen Czernins mit, daß im Fall eines Friedensschlusses Österreichs bei Fortdauer des Krieges gegen Deutschland die französischen Offiziere in den Österreich gegenüberstehenden russischen Verbänden dann an die gegen Deutschland gerichtete russische Front verschoben würden.

Die französischen Staatsmänner – sowohl Poincaré wie Ribot – fürchteten, daß das Friedensangebot Kaiser Karls eine rein persönliche Aktion sei, die schon am offenbaren Widerstand des Außenministers, des Grafen Ottokar Czernin, scheitern müsse. Ribot stieß sich vor allem daran, daß mit dem Verzicht Österreichs auf Elsaß-Lothringen, das Teil des Deutschen Reiches, nicht Österreichs war, Österreich den Westmächten ein Gebiet verspreche, über das es nicht verfügen konnte.

Auch Czernin hatte aus diesem Grund Bedenken; er schlug bei seinem Aufenthalt in Berlin am 26. März 1917 vor, den Deutschen als Ausgleich für einen Gebietsverlust im Westen im Osten ganz Polen »zu verkaufen«; gleichzeitig bot er den Deutschen an, ihrem Reich den größeren Teil Rumäniens zu überlassen. Beide Vorschläge gingen an der Wirklickeit vorbei: Preußen mußte fürchten, daß Polen als neuer deutscher Bundesstaat an das Deutsche Reich angeschlossen würde und die Polen in der preußischen Provinz Posen ihrerseits dann den Anschluß an den neuen Bundesstaat fordern würden; ein Anschluß eines Teiles von Rumänien an das Deutsche Reich schien schon deshalb utopisch, weil zwischen Rumänien und dem Deutschen Reich das ganze – mit Deutschland verbündete – Österreich lag.

Die Polen selbst waren von vornherein Gegner eines Planes, der sie in die Abhängigkeit von einem der Mittelmächte gebracht hätte. »Sie forderten« – wie Gerhard Ritter schreibt – »(unter dem Einfluß ihrer demokratischen Linken) die Errichtung eines selbständigen polnischen Staates, der ganz Galizien mit ganz Kongreß-Polen umfassen und einen eigenen Ausgang zum Meer besitzen sollte... Stark demokratisiert und durch die Katastrophe des Zarenreichs vom russischen Druck befreit, hatten« so schreibt Gerhard Ritter, die Polen »fast jedes Interesse für Österreich verloren und waren noch eher bereit, im Rahmen des demokratisierten Rußland als im Anschluß an Deutschland ihre nationale Einheit zu suchen... Der deutsche Botschafter Graf Wedel sah nur eine Möglichkeit, Galizien für die österreichische Monarchie zu retten und innerlich wiederzugewinnen: Rückkehr zur ›austro-polnischen Lösung‹, d.h. Erfüllung der nationalen Wünsche der Polen im Rahmen des Donaureiches... Eine gewisse Korrektur der deutsch-polnischen Grenzen wäre wohl unentbehrlich, aber Graf

Wedel riet dringend, sich dabei auf ein Mindestmaß zu beschränken... Präsident Wilson hatte... schon in seiner großen Friedensrede vom 22. Januar 1917 den Polen eine Zukunftsaussicht eröffnet, die ihnen die Mittelmächte niemals bieten konnten: die Vereinigung aller polnisch besiedelten Gebiete schlechthin zu einem neuen, unabhängigen Polenstaat... In London war man... einer ›austro-polnischen‹ Lösung noch im Dezember stärker zugeneigt, als Graf Wedel bei seinen Empfehlungen nach Berlin hatte ahnen können.« Gerhard Ritter spricht von der »heftigen Abneigung Ludendorffs gegen die Polen« und seiner »absoluten Gleichgültigkeit gegen die Wünsche und Bedürfnisse der Österreicher«, für die eine deutsch-polnische Lösung schlechterdings unannehmbar war.

Die »polnische Frage« berührte nur eines der vielen Probleme, die der Erste Weltkrieg aufgeworfen hatte und deren Lösung Aufgabe eines kommenden Friedensvertrags war. Um diesen Frieden – nicht um einzelne in diesem Friedensvertrag zu lösende Probleme – ging es dem österreichischen Herrscher. Kaiser Karl wollte den Frieden schlechthin und fragte nicht nach den verschiedenen Bestimmungen eines Friedensvertrags. Wenn erst die Waffen ruhten, konnte man über den Inhalt eines Friedensvertrags diskutieren.

Es erübrigt sich im einzelnen die Fortsetzung der Versuche des österreichischen Kaisers zu schildern, einen baldigen Friedensschluß zu erreichen. Zu erwähnen ist lediglich, daß der österreichische Kaiser unter dem 9. Mai 1917 auf Anregung seines Schwagers, des Prinzen Sixtus von Parma, diesem anhand eines von Sixtus vorgeschlagenen Entwurfs einen Brief geschrieben hat, der unter der Bezeichnung »Zweiter Sixtusbrief« bekannt geworden und in die Geschichte eingegangen ist. Der zweite Sixtusbrief war wesentlich kürzer als der erste, kürzer auch als der Vorschlag des Prinzen Sixtus. Es geht in diesem Brief in erster Linie um Italien, das im ersten Brief nicht erwähnt wird, ohne dessen Teilnahme aber es, nach Ansicht des Kaisers, nicht zum Frieden kommen kann. Italien hatte kurz vorher, wie der Kaiser in seinem Brief feststellt, Österreich-Ungarn »unter Verzicht auf alle unannehmbaren Forderungen, die es früher hinsichtlich der slawischen Länder an der Adria gestellt hatte«, den Frieden unter der Voraussetzung der Abtretung des Trentino angeboten; der Kaiser will, wie er schreibt, die Überprüfung dieser Forderung auf den Zeitpunkt verschieben, in dem er von Seiten Frankreichs und Englands eine Antwort auf sein Friedensangebot erhalten haben werde; im übrigen verweist er auf den Grafen Erdödy, der dem Prinzen die Ansichten des Kaisers und seines Außenministers übermitteln könne, gibt seiner Hoffnung Ausdruck, daß »die letzten Schwierigkeiten« überwunden würden, »die sich dem Abschluß eines ehrenvollen Friedens noch entgegenstellen«, und dankt dem Prinzen Sixtus für seine »Mitarbeit an diesem Friedenswerk«, das er – der Kaiser – »im gemeinsamen Interesse seiner Länder« in Angriff genommen habe.

Kaiser Karl und Graf Czernin wollten, wie Graf Polzer-Hoditz schildert, in zahlreichen Besprechungen »die Grundlagen für einen Separatfrieden gewinnen, mit diesen vortreten und Deutschland vor die Alternative stellen: Entweder schließt ihr Frieden unter den Bedingungen, unter denen allein ein Friede mit der Entente möglich ist, oder wir schließen den uns angebotenen Separatfrieden ab. Auf alle Fälle werden wir den Krieg nicht mehr weiterführen, weil dies unseren gänzlichen Niederbruch zur unvermeidlichen Folge hätte.«

Graf Polzer-Hoditz, der als Kabinettchef Kaiser Karls den besten Einblick in die Zielsetzungen seines Kaisers und der österreichischen Regierung hatte, vertritt mit Energie die Auffassung, daß Kaiser Karl und sein Außenminister nie die Absicht gehabt hätten, einen Separatfrieden mit den Alliierten abzuschließen, ohne vorher den deutschen Bundesgenossen die Möglichkeit gegeben zu haben, nachzugeben und damit einen allgemeinen Frieden anzubahnen.

Doch das Deutsche Reich lehnte unter dem Einfluß Ludendorffs, der immer noch auf einen deutschen »Endsieg« hoffte, die Friedenspläne Kaiser Karls ab. Die Folge war eine Jahrzehnte überdauernde Entfremdung zwischen dem von Preußen geführten Deutschen Reich und Österreich – eine Entfremdung, die den Untergang der Donaumonarchie überdauerte und durch die militärische Besetzung Restösterreichs durch die deutsche Wehrmacht am 12. März 1938 und dem gewaltsamen Anschluß Österreichs an Hitlers »Drittes Reich« neue Nahrung erhielt.

11. KAPITEL

Zwei Welten: Der deutsche Kaiser Wilhelm II. und Kaiser Karl von Österreich

Das Verhältnis zwischen dem von Preußen geführten Deutschen Reich und Österreich wurde seit Beginn des Jahres 1917 von Monat zu Monat – man könnte fast sagen: von Woche zu Woche – immer kühler – gegen den Willen der beiden Herrscher, die versuchten, sich gegenseitig zu verstehen – und zu vertragen.

Während den jungen österreichischen Kaiser mit seinen Schwägern – auch wenn sie als belgische und später französische Offiziere gegen die Mittelmächte kämpften – eine echte und herzliche Freundschaft verband, war sein Verhältnis zu Wilhelm II. durch kühle Höflichkeit gekennzeichnet. Die beiden Kaiser hatten wenig gemeinsam: Der deutsche Kaiser zeigte sich, wenn er in der Öffentlichkeit auftrat, gerne »in schimmernder Wehr«, während Kaiser Karl am liebsten in der einfachen, feldgrauen Uniform eines österreichischen Offiziers auftrat; der deutsche Kaiser wollte repräsentieren, der Österreichs führen; Wilhelm II. besuchte an der Front seine Generale, Kaiser Karl zog es vor, im Schützengraben mit den einfachen Soldaten zu sprechen.

Kaiser Karl hatte – wie schon oben dargelegt – frühzeitig die Hoffnungslosigkeit seiner Lage im Fall der Fortset-

zung des Krieges erkannt: Er war sich darüber im klaren, daß die Völker Österreichs auseinanderstrebten und daß die Fortsetzung des Krieges in jedem Fall den Untergang des Vielvölkerstaats bedeutete, des Staats, dessen Erhaltung seine vordringlichste Pflicht war.
Es scheint, als habe Kaiser Karl vom Deutschen Reich ein Nachgeben in der Elsaß-Lothringischen Frage wenn nicht erwartet, so doch erhofft. Blieb die deutsche Regierung bei ihrer starren Haltung in dieser Frage – von den deutschen Vorstellungen einer Abtretung des Erzbekkens von Briey durch Frankreich an das Deutsche Reich ganz zu schweigen – sah sich Österreichs Kaiser frei, zur Rettung der bedrohten Existenz des Vielvölkerstaates, den Krieg, soweit Österreich darin verwickelt war, mit einem ehrenvollen Sonderfrieden zu beenden. Um für einen solchen Sonderfrieden »in tauglicher Frist eine Grundlage zu erhalten, mußte man«, wie Polzer-Hoditz richtig bemerkt, »die Entente eindeutig erkennen lassen, daß der ernstliche Wille hierzu vorhanden sei.«
Ein Bündnis zwischen souveränen Staaten setzt gemeinsame Interessen der Verbündeten voraus; dort, wo die Interessen divergieren, verliert das Bündnis seinen Sinn; wenn gar die Existenz eines Bundesgenossen gefährdet ist, erlischt die Bündnispflicht. Das Lebensinteresse eines Staates geht jeder Bündnisverpflichtung vor. Dem Vielvölkerstaat Österreich drohte – wie der junge Kaiser annahm – schon im Frühjahr 1917 der Untergang; in dieser Lage glaubte er sich nicht mehr auf Gedeih und Verderb an das Deutsche Reich gebunden. Dies übersehen manche Historiker, die sich mit der sogenannten »Sixtus-Affäre« befassen. Kaiser Karl hatte als Herrscher

nicht nur das Recht, sondern auch die Pflicht, um jeden Preis den Frieden zu suchen, bevor der Vielvölkerstaat, an dessen Spitze er stand, auseinanderfiel.
Während Wilhelm II. immer mehr und mehr in die Abhängigkeit von Ludendorff geriet, der geschickt seinem Kaiser zu suggerieren verstand, daß das, was er, Ludendorff, vortrug, des Kaisers Ansicht sei, machte sich Kaiser Karl sehr bald von seinem Beraterstab unabhängig; er liebte – so könnte man mit einer gewissen Übertreibung sagen – »einsame Entschlüsse«. Durch ein Entgegenkommen vor allem den nichtdeutschen Nationen gegenüber, die unter seiner Herrschaft vereinigt waren, versuchte Kaiser Karl von dem erschütterten Vielvölkerstaat zu retten, was noch zu retten war. In der gleichen Tendenz verfügte er zur Überraschung seiner Mitarbeiter in einem Handschreiben vom 2. Juli 1917 eine Amnestie für alle während des Krieges begangenen politischen Delikte, die von der Militärjustiz schon abgeurteilt oder noch abzuurteilen waren, – eine Maßnahme, die gerade in konservativen Kreisen der Monarchie auf Widerspruch stieß. Für die Zukunft suchte Kaiser Karl, der Militärjustiz strengere Zügel anzulegen.
Verhältnismäßig kurz danach berief Kaiser Karl zur Verwunderung seiner Anhänger – deren Zahl verglichen mit der Gesamtbevölkerung des Kaiserreichs nicht eben groß war – das seit 1914 ausgeschaltete österreichische Parlament zur Wiederaufnahme seiner Tätigkeit ein.
In diesem Zusammenhang sind auch die im Juni 1917 gefaßten Pläne Kaiser Karls zu erwähnen, den Völkern seines Reichs, soweit es der Zusammenhalt des Reiches zuließ, Autonomie zu gewähren.

Die Pläne Kaiser Karls stießen auf Widerspruch. Bald setzte – ich zitiere wiederum den Grafen Polzer-Hoditz – »von alldeutscher Seite, mit wesentlicher Unterstützung des deutschen Botschafters Grafen Wedel, ein beispielloses Intrigenspiel ein, wodurch die Fortsetzung des mit der Amnestie eingeleiteten nationalversöhnlichen Kurses verhindert werden sollte und auch tatsächlich verhindert wurde.« Die Amnestie konnte weder den Alldeutschen noch den führenden Politikern in Ungarn zusagen; auch der Außenminister Graf Czernin kritisierte sie – allerdings wohl aus persönlichen Gründen – »weil man ihn«, so Graf Polzer-Hoditz, »von der bevorstehenden Amnestie nicht in Kenntnis gesetzt hatte.« Polzer-Hoditz bemerkt mit Recht, daß eine solche Information des Außenministers nicht notwendig war, weil die Amnestie ihrem Wesen nach nichts mit dem Amtsbereich dieses Ministers zu tun hatte.

Zu den wenigen, die den jungen österreichischen Kaiser verstanden und ihm helfen wollten, gehörte Papst Benedikt XV. Er suchte, wie von mir schon in anderem Zusammenhang erwähnt, im August 1917 den österreichischen Kaiser in seinen Friedensbemühungen durch eine Zirkularnote an die Regierungen der kriegführenden Nationen zu unterstützen. Der Versuch des Papstes scheiterte: Der damalige deutsche Staatssekretär Richard von Kühlmann – an sich Anhänger eines Verständigungsfriedens – verweigerte jedoch die vom Papst verlangte Erklärung über die deutschen Kriegsziele; er hielt es für undiplomatisch, sich von vornherein festzulegen und Belgien als Verhandlungsobjekt auszuschalten.

»Bei Ludendorff«, so nimmt Emil Franzel wohl zu Recht

an, »mögen antirömische Affekte bei der Vereitelung der päpstlichen Friedensvermittlung mitgespielt haben.«
Auch auf seiten der westlichen Gegner Deutschlands und Österreichs fand die päpstliche Friedensvermittlung keineswegs allgemeine Zustimmung. »Italien hatte sich« – so bemerkt Emil Franzel – »schon 1915 ausbedungen, daß mit dem Papst nicht verhandelt werden dürfe. ... So waren alle Versuche einer Friedensvereinbarung gescheitert; erst die Friedensbotschaft der bolschewistischen Regierung Rußlands öffnete« – wie von mir in anderem Zusammenhang schon dargestellt – »ein Tor zu Verhandlungen.« Der einzige Staatsführer, der der päpstlichen Vermittlung vorbehaltlos zustimmte, war Österreichs Kaiser Karl. Österreichs Völkerschaften – allzusehr mit sich selbst beschäftigt – verstanden ihn nicht.
Das Verhältnis Österreichs zum Deutschen Reich wurde trotz der gegenseitigen Besuche der Herrscher im Lauf des Jahres 1917 immer gespannter; Wilhelm II. unternahm zwar alles ihm mögliche, um das Verhältnis zwischen dem Reich und Österreich zu verbessern, doch unter dem Einfluß Ludendorffs wurde durch Taktlosigkeiten preußischer Generäle dieser Versuch des deutschen Kaisers immer wieder zunichte gemacht. Man sprach in der Umgebung Wilhelms II. von »zentrifugalen Tendenzen« in Österreich, die das Staatswesen politisch und militärisch lähmen würden.
Auch der Verbündete versagte: In einem Augenblick, in dem die Zukunft der Donaumonarchie von der Herstellung und Sicherung des inneren Friedens abhing, geschah von deutscher Seite nichts, um diesen inneren

Frieden herzustellen und zu sichern; die preußische Generalität neigte im Gegenteil dazu, den für Österreich so notwendigen inneren Frieden durch übertriebene Kritik noch weiter zu erschüttern.
Nicht nur das Verhältnis zum deutschen Nachbarn brachte im Lauf des Jahres 1917 dem österreichischen Kaiser Sorgen; noch größere Schwierigkeiten erwuchsen für Kaiser Karl aus dem nationalen Egoismus der Ungarn, von dem in anderem Zusammenhang schon die Rede war. Unter Führung des ungarischen Ministerpräsidenten, der den nicht allzu ungarisch klingenden Namen Wekerle trug, stellten die ungarischen Magnaten das spezielle national-ungarische Interesse über das der in ihren Grundfesten schon erschütterten Gesamtmonarchie.
In dieser Lage hätte der österreichische Kaiser wenigstens einen Außenminister gebraucht, auf den er sich in jeder Hinsicht hätte verlassen können und der seinem Kaiser selbstlos zur Seite gestanden wäre. Graf Czernin war, nach allem, was wir heute wissen, kein solcher Außenminister; er war zu ehrgeizig und deshalb unzuverlässig; er machte Politik vor allem für sich selbst und nicht für seinen Kaiser. Zu spät erkannte Kaiser Karl Czernins Egoismus mit all seinen Folgen.
Graf Polzer-Hoditz erzählt in seinen Memoiren, er habe schon Anfang Juli 1917 – nachdem am 21. Juni das Kabinett Clam-Martinic, verärgert über des Kaisers »einsame Entschlüsse«, zurückgetreten war – den jungen Kaiser auf Czernins Egoismus hingewiesen; der Kaiser habe ihm geantwortet, Graf Czernin liebe seinen Posten so sehr, daß er sich nicht scheue, sich gegen

einen Konkurrenten mit dem Führer der Unabhängigen in Ungarn, also mit dem Antipoden der Großösterreicher, zu verbinden; ein vielbenützter Draht verbinde Pest und Berlin, ohne Wien zu berühren. Es gereiche nicht zur Ehre des Außenministers, daß er – in dessen Amtsbereich die Frage der Amnestierung zweifellos nicht fiele – sich offen den Kritikern des Erlasses vom 2. Juli 1917 angeschlossen habe.

Czernin hatte nach Emil Franzels Darstellung von vornherein »in seinem Friedensprogramm den Verzicht Deutschlands auf Elsaß-Lothringen als einen wesentlichen Punkt stehen...« In einer größeren Denkschrift, die für die deutsche Heeresleitung bestimmt war, führte Czernin nach Emil Franzel dann den Nachweis, daß Österreich einen weiteren Kriegswinter nicht überstehen könne... Nach der Darstellung Emil Franzels ist diese Denkschrift dann »durch den überaus geschäftigen und den Aufgaben, zu denen er sich drängte, nicht immer gewachsenen Zentrumspolitiker Matthias Erzberger zur Kenntnis des feindlichen Auslands gelangt«.

Czernin täuschte sich. Österreich, und mit ihm Czernin als Außenminister, überstand auch noch den vierten Kriegswinter – wenn auch mit Hangen und Bangen.

Ende Oktober 1917 traten die österreichischen Truppen mit deutscher Unterstützung zu einem großangelegten Angriff auf die italienische Front in den Julischen Alpen an. In kurzer Zeit besetzten Österreicher und Deutsche Friaul und drangen in Venezien bis zum Piave vor; eine österreichische Heeresgruppe unter General Conrad von Hötzendorf stieß gleichzeitig erfolgreich in Richtung auf Belluno und Feltre in die tiefe Flanke der ausweichenden Italiener. Vorausabteilungen der Mittelmächte hatten in Höhe von Treviso schon den Piave überschritten, als eine plötzliche Wetteränderung den sonst ruhig fließenden Piave zu einem reißenden Strom und zum unüberwindlichen Hindernis für die Nachführung stärkerer Kräfte machte. Kurz danach zog Ludendorff die deutschen Truppen von der italienischen Front ab. Die österreichische Front gegen Italien erstarrte am Piave wieder. »Der ›Hohenstaufenzug‹ vom Isonzo zum Piave hatte« – so bemerkt Emil Franzel – »ein letztes Mal die Kampfmoral der K.u.K.-Armee befeuert und den Völkern unter Habsburgs Szepter ein Stück ihres Selbstbewußtseins wiedergegeben.«

Ludendorff, der immer mehr Macht in seiner Person vereinigte, zog es – so stellt Emil Franzel fest – nach Frankreich, »wo nach seiner Überzeugung allein die Entscheidung des Kriegs fallen konnte«. In Frankreich waren sich die deutschen Verbände und die Truppen der Westmächte im Verlauf des Jahres 1917 gegenübergestanden, ohne daß einer der beiden Gegner einen kriegsentscheidenden Erfolg für sich hätte buchen können; auch im ersten Vierteljahr des Jahres 1918 beschränkten sich die Westmächte im allgemeinen auf Verteidigung, bis die Amerikaner stark genug für einen entscheidenden Angriff waren. Die Deutschen hingegen wollten vor einem entscheidenden Eingreifen amerikanischer Truppen in einem am 22. März 1918 begonnenen Angriff im Raum von St. Quentin – an der Naht zwischen der französischen und der britischen Front – den Durchbruch, sei es nach Paris, sei es zur Küste, erzwingen; doch dieser Plan scheiterte nach anfängli-

chen taktischen Angriffserfolgen, die vor allem der »Feuerwalze« der deutschen Artillerie zu danken waren. In einer Kongreßbotschaft am 8. Januar 1918 zeigte Präsident Wilson in »vierzehn Punkten« die amerikanischen Kriegsziele für Europa auf. Diese »vierzehn Punkte« wurden nicht nur für die amerikanische Politik entscheidend. Sie enthielten – nach Franzels Darstellung – »folgende Grundsätze: 1. Öffentlichkeit der Friedensverträge; 2. Freiheit der Schiffahrt; 3. Beseitigung aller wirtschaftlichen Schranken zwischen den Völkern; 4. Herabsetzung der Rüstungen; 5. weitherzige Schlichtung der kolonialen Ansprüche; 6. Räumung und Wiederaufrichtung Rußlands; 7. Räumung, Wiederaufrichtung und Wahrung der Souveränität Belgiens; 8. Befreiung und Wiederherstellung der besetzten Gebiete Frankreichs sowie Wiedergutmachung des Unrechts, das Frankreich vor nahezu fünfzig Jahren durch Preußen hinsichtlich Elsaß-Lothringens zugefügt worden war; 9. Berichtigung der italienischen Grenzen nach nationalem Besitzstand; 10. autonome Entwicklung der Völker Österreich-Ungarns; 11. Räumung Rumäniens, Serbiens, Montenegros und Wiederherstellung der besetzten Gebiete; 12. Selbständigkeit der türkischen Teile des Osmanischen Reiches und Sicherstellung der Lebensbedingungen der unter türkischer Herrschaft stehenden anderen Nationalitäten; 13. Schaffung eines unabhängigen polnischen Staates unter Einschluß aller von unzweifelhaft polnischer Bevölkerung bewohnten Gebiete und unter Gewährung eines freien Zugangs zur See; 14. Bildung eines Völkerbundes.«
Diese vierzehn Punkte sollten nach amerikanischen Plä-

nen die Grundlage für einen Friedensvertrag mit dem Deutschen Reich bilden: die europäischen Verbündeten der Vereinigten Staaten kümmerten sich allerdings bei Abschluß des Friedens nicht mehr viel um den amerikanischen Vorschlag.
Als Wilson seine »vierzehn Punkte« veröffentlichte, war bis zu einem Friedensschluß noch ein weiter Weg zurückzulegen. In diesem Augenblick war in Österreich noch Graf Ottokar Czernin Außenminister; er überstand bis zum April 1918 alle Kabinettwechsel in Wien und blieb Außenminister, wer immer auch Ministerpräsident sein mochte.
Anfang April 1918 veröffentlichte der französische Ministerpräsident, Georges Clemenceau, den ersten interfamiliären Brief Kaiser Karls an seinen Schwager Sixtus vom 24. März 1917, in dem Kaiser Karl zugesagt hatte, bei seinen deutschen Verbündeten »die gerechten Rückforderungsansprüche Frankreichs mit Bezug auf Elsaß-Lothringen« zu unterstützen. Kaiser Karl hatte seinerzeit in diesem Brief um strengste Geheimhaltung seiner Stellungnahme gebeten; um so überraschter war er, als der französische Ministerpräsident Georges Clemenceau öffentlich von diesem Brief sprach und damit Kaiser Karl der Lüge bezichtigte.
Kaiser Karl konnte mit einigem Recht insofern von einer Fälschung sprechen, als er in seinem Brief vom 24. März 1917 den Prinzen Sixtus von Parma ausdrücklich gebeten hatte, die Zusage zur Unterstützung »der gerechten Rückforderungsansprüche Frankreichs mit Bezug auf Elsaß-Lothringen« geheimzuhalten und inoffiziell nur dem Präsidenten der französischen Republik – also

Poincaré – zur Kenntnis zu bringen. Diese dringende Bitte Kaiser Karls hatte Poincaré offenbar nicht erfüllt; er hatte das Vertrauen, das Kaiser Karl in ihn gesetzt hatte, nicht verdient.

Graf Czernin versuchte – den persönlichen Notizen der Kaiserin zufolge – Kaiser Karl zum Rücktritt zu bewegen. Als dies nicht gelang, reichte er seine Demission ein, die der Kaiser sofort annahm. Czernin verlangte – so berichtet Graf Leopold Berchtold, ein Vorgänger Czernins im Amt des Außenministers, in seinem Tagebuch –, seine Entlassung mit Mangel an Vertrauen der Krone ihm gegenüber – und umgekehrt seinerseits gegenüber dem Kaiser – zu motivieren. Berchtold seinerseits hielt die Veröffentlichung dieses Beweggrunds für einen großen Fehler, weil dann »alles auf der Person des Monarchen sitzen wird.« Nach Berchtolds Ansicht hätte Czernin für alles einstehen sollen, selbst wenn er – so Graf Berchtold – »wie es der Fall zu sein scheint, von dem unglücklichen Kaiserbrief nichts gewußt hat«. Berchtold fügt unter Berufung auf Czernins Schwager Kinsky hinzu: »Solche antike Größe liegt ihm aber fern.« Andere österreichische Aristokraten sahen in Czernin sogar den »Totengräber der Monarchie«.

12. KAPITEL

Das Ende des Ersten Weltkriegs: Ludendorff als Totengräber des Deutschen Reichs; Kaiser Karls Versuch, die Donaumonarchie zu retten

Nachdem sich der deutsche Angriff vom 22. März 1918 totgelaufen hatte, verließ das Kriegsglück Deutschland und seine Verbündeten endgültig.
Am 8. August 1918 griffen Engländer und Franzosen die deutschen Armeen im Raum östlich von Amiens und nördlich von Compiegne und Soussons mit starker Panzerunterstützung an und schlugen sie; eine deutsche Division wurde völlig vernichtet. Diesem Angriff folgte am 20. August ein zweiter, dessen Träger hauptsächlich Amerikaner waren. Die deutsche Front im Westen war dem Zusammenbruch nahe.
Erich Ludendorff hatte 1918 schon nach dem Scheitern der deutschen März-Offensive und den erfolgreichen Offensiven der Westmächte den Abschluß eines Waffenstillstandsabkommens innerhalb von 48 Stunden verlangt. Wenig später plädierte er allerdings für die Fortsetzung des Krieges: Der alldeutsche Politiker in Ludendorff siegte über den preußischen General.
Die gesamte preußisch-deutsche politische und militärische Führung reagierte nur zögernd auf die militärischen Niederlagen, die das Deutsche Reich im Sommer erlitten hatte. Am 14. August 1918 trat im Hauptquartier

des Deutschen Kaisers in Spa ein Kronrat zusammen, an dem unter anderen der deutsche Kronprinz, der Reichskanzler Graf von Hertling, der Staatssekretär im Auswärtigen Amt, Konteradmiral Paul von Hintze, Hindenburg und Ludendorff teilnahmen. Das Bild, das die Oberste Heeresleitung von der Kriegslage gab, hatte – so stellt Graf Peter Kielmansegg fest – »mit der Wirklichkeit wenig zu tun. Es war davon die Rede, daß man jetzt durch strategische Defensive den Kriegswillen des Feindes lähmen müsse. Die feste Erwartung, daß die deutsche Front auf französischem Boden standhalten werde, wurde zum Ausdruck gebracht.«

»Man sieht«, so bemerkt Kielmansegg, »in welchen Illusionen die militärische Führung noch gefangen war... Die Beschlüsse, die man am 14. August 1918 faßte, spiegeln die illusionäre Lagebeurteilung, auf die sie sich gründeten, nur allzu deutlich wieder. Über die Notwendigkeit, aus der drohenden Niederlage innenpolitische Konsequenzen zu ziehen, wurde überhaupt nicht gesprochen... Auch Kaiser Karl gegenüber, der in diesen Tagen in Spa zu Gast war, betonte die Oberste Heeresleitung, daß man für ein Verhandlungsangebot einen günstigeren Zeitpunkt abwarten müsse. Der dringende österreichische Wunsch, sofort eine Friedensnote an alle kriegführenden Mächte zu richten, wurde abgelehnt.«

Einen Monat später sandte Kaiser Karl von sich aus eine solche Note an alle kriegführenden Staaten. Die Note wurde nicht veröffentlicht.

Am 9. September 1918 hatte sich die deutsche Oberste Heeresleitung endlich entschlossen – so Kielmansegg – »nicht länger auf den günstigen Zeitpunkt für eine Friedensinitiative zu warten, von dem am 14. August 1918 noch die Rede gewesen war, sondern dem Auswärtigen Amt freie Bahn für den Versuch zu geben, ohne weiteren Zeitverlust einen neutralen Vermittler zu suchen. Aber sie äußerte sich auch jetzt noch nicht über den Ernst der militärischen Lage und drängte keineswegs zur Eile« ... »Was die Oberste Heeresleitung dazu bestimmte, eine konkrete diplomatische Initiative nicht länger hinauszuzögern, war« – so fährt Kielmansegg fort – »nicht in erster Linie die Lage an der Westfront, sondern die Sorge vor einem Alleingang Wiens. Österreich-Ungarn wünschte freilich etwas ganz anderes, als bloße diplomatische Fäden mit neutralen Mächten zu spinnen. Schon in die Agonie verstrickt, auf der Schwelle des inneren und militärischen Zusammenbruchs, drängte es seit Wochen mit verzweifelter Energie auf ein öffentliches Friedensangebot der Mittelmächte ...«

Da dieses Friedensangebot in Folge der zögernden Haltung des Deutschen Reiches ausblieb, veröffentlichte die österreichische Regierung von sich aus am 14. September 1918 die oben erwähnte Note Kaiser Karls. Die Alliierten gingen, wie nicht anders zu erwarten war, über dieses österreichische Angebot hinweg.

Angesichts der verzweifelten Kriegslage trat am 29. September 1918 der greise Graf Hertling als Reichskanzler zurück; zu seinem Nachfolger wurde Prinz Max von Baden – also ein Angehöriger eines deutschen Fürstenhauses – ernannt. In das von ihm gebildete Reichskabinett traten zum ersten Mal seit Gründung des Reichs im Jahre 1871 Sozialdemokraten, die Abgeordneten Philip Scheidemann und Gustav Bauer, ein. Auf Antrag dieser

neuen Reichsregierung beschloß der Reichstag eine Reihe von Gesetzen, die zum Teil de facto eine weitgehende Revision der Bismarckschen Verfassung bedeuteten. Auf Drängen der neuen Reichsregierung wurde Ludendorff am 26. Oktober 1918 aus der preußischen Armee entlassen; er setzte sich in das neutrale Ausland ab.
Als erster Staat der Mittelmächte gab Bulgarien im September 1918 den Kampf auf; am 3. Oktober 1918 dankte König Ferdinand von Bulgarien zugunsten seines zweiundzwanzigjährigen Sohnes Boris ab. Die Südost-Front der Mittelmächte brach damit zusammen.
In der Nacht vom 3. zum 4. Oktober 1918 sandte die neue deutsche Reichsregierung an den Präsidenten der Vereinigten Staaten eine Note mit der Bitte, auf der Grundlage der 14 Punkte den Frieden herzustellen und einen sofortigen Waffenstillstand herbeizuführen.
Während im Deutschen Reich im Oktober 1918 im Zeichen der Auseinandersetzung zwischen der Obersten Heeresleitung, die den offensichtlich verlorenen Krieg weiterzuführen bereit war, und einer Reichsregierung stand, die den Krieg – sei es auch unter großen Zugeständnissen – baldmöglichst beenden wollte, löste sich Österreich-Ungarn als geschlossenes Staatswesen in diesem Oktober zusehends – und von Tag zu Tag schneller – auf. Am 16. Oktober 1918 erließ Kaiser Karl ein Manifest, in dem er die Umwandlung Österreichs in einen Bundesstaat auf der Grundlage der nationalen Autonomie verkündete; jeder Mitgliedsstaat sollte eine der Nationen umfassen, die bisher im Vielvölkerstaat Österreich ihre Heimat gefunden hatten:
»Meine Regierung ist beauftragt, zum Neuaufbau Öster-

reichs ohne Verzug alle Arbeiten vorzubereiten. An die Völker, auf deren Selbstbestimmungsrecht sich das neue Reich gründen wird, geht mein Ruf, an dem großen Werke durch Nationalräte mitzuwirken, die, gebildet aus den Reichsratsabgeordneten jeder Nation, die Interessen der Völker zueinander, sowie im Verkehr mit meiner Regierung zur Geltung bringen. So möge unser Vaterland, gefestigt durch die Eintracht der Nationen, die es umschließt, als Bund freier Völker aus den Stürmen des Krieges hervorgehen.«

Ein derartiger Bundesstaat hätte den Zerfall des alten Vielvölkerstaats bedeutet. Es war die Besonderheit der Donaumonarchie, daß sie – wenn man von der Sonderstellung Ungarns absieht – als Vielvölkerstaat kein Bundesstaat im eigentlichen Sinne war, in dem die Gliedstaaten durch Föderativorgane ein Mitspracherecht im Gesamtstaat hatten und entsprechend an der Gestaltung und der Willensbildung des Gesamtstaates mitwirkten, sondern daß die Person des Kaisers das einzige, aber wirksame Bindeglied zwischen den verschiedenen Teilen des Vielvölkerstaats war.

Die Tschechen lehnten eine föderative Lösung von vornherein ab, da ihnen ein tschecho-slowakischer Staat unter Einschluß der Deutschböhmen und der zu Ungarn gehörenden Slowakei vorschwebte, dem sich – so Emil Franzel – »die Deutschen der Sudetenländer als Minderheit zu unterwerfen hätten«.

»Das Zugeständnis des Kaisers an die Magyaren, das die Umgestaltung sich nicht auf Ungarn beziehe, nahm dem Manifest seinen Sinn. Wohl aber machten die Nationalitäten von der kaiserlichen Erlaubnis Gebrauch, Nationalräte zu bilden. Sie sahen sich von dem Souverän legitimiert, das Reich in aller Form zu zerschlagen. Das letzte österreichische Kabinett unter Professor Lammasch hatte überhaupt nichts mehr zu regieren.«

Am 19. Oktober 1918 wurde eine Note Wilsons veröffentlicht, die folgenden Wortlaut hatte: »Der Präsident hält es für seine Pflicht, der österreichisch-ungarischen Regierung mitzuteilen, daß er sich mit dem vorliegenden Vorschlag dieser Regierung nicht befassen kann, weil seit seiner Botschaft vom 8. Januar gewisse Ereignisse von größter Bedeutung eingetreten sind, die notwendigerweise die Haltung und die Verantwortlichkeit der Vereinigten Staaten geändert haben.« Unter den vierzehn Bedingungen, die der Präsident damals formulierte, kam die folgende vor: »Den Völkern Österreich-Ungarns, deren Platz unter den Nationen wir geschützt und gesichert zu sehen wünschen, soll die freieste Möglichkeit zu autonomer Entwicklung gewährt werden...« Seit dieser Satz geschrieben und vor dem Kongreß der Vereinigten Staaten ausgesprochen wurde, hat die Regierung der Vereinigten Staaten anerkannt, daß der Kriegszustand zwischen den Tschechoslowaken und dem Deutschen sowie dem Österreichisch-Ungarischen Reiche besteht und daß der tschechoslowakische Nationalrat eine de facto kriegführende Regierung ist, die mit der entsprechenden Autorität ausgestattet ist, die militärischen und politischen Angelegenheiten der Tschechoslowakei zu leiten. Sie hat auch in der weitestgehenden Weise die Gerechtigkeit der nationalen Freiheitsbewegung der Südslawen anerkannt. »Der Präsident ist daher nicht mehr in der Lage, die bloße Autonomie dieser

Völker als eine Grundlage für den Frieden anzuerkennen, sondern er ist gezwungen, darauf zu bestehen, daß sie und nicht er Richter darüber sein sollen, welche Aktion auf seiten der österreichisch-ungarischen Regierung die Aspirationen und die Auffassung der Völker von ihren Rechten und von ihrer Bestimmung als Mitglieder der Familie der Nationen befriedigen wird ...«
Wilson, von Thomáŝ Garrigue Masaryk, einem Professor an der 1882 gegründeten tschechischen Universität von Prag, beraten, erklärte damit, daß seine früheren Forderungen überholt seien und nicht mehr die Autonomie der österreichischen Völker, sondern die staatliche Souveränität der Tschechen in Böhmen, Mähren und Nordwestungarn und der Südslawen in den damals zu Ungarn gehörenden Teil-Königreichen Kroatien und Slavonien anerkannt werden müsse.
Nach mehrtägigen Unruhen riefen die Tschechen am 28. Oktober 1918 in Prag den selbständigen tschechoslowakischen Staat aus, dessen Gründung schon Mitte Mai 1918 von tschechischen und slowakischen Emigranten unter Masaryks Führung im Exil in den USA beschlossen worden war. Obwohl fast ein Drittel der Bewohner Böhmens Deutsche waren, erklärte sich der neu gegründete Staat noch wenige Tage vor Kriegsende als »im Kriegszustand mit dem Deutschen Reich befindlich«.
Etwa gleichzeitig löste Ungarn die Union mit Österreich und verkündete nach einem kurzen Zwischenspiel die Republik. Erst im Friedensvertrag von Saint-Germain 1919 wurden die deutschsprachigen Gebiete der ungarischen Komitate Ödenburg, Eisenburg und Wieselburg von Ungarn getrennt und Österreich zugesprochen.

Für einen Vielvölkerstaat war in der Aufteilung Europas durch die Friedensverträge, die Europa nach dem Ende des Ersten Weltkriegs neu ordneten, kein Raum mehr. Es gab nur noch nationale Minderheiten.
Es wäre falsch, dem letzten österreichischen Kaiser die Schuld am Auseinanderfallen des Vielvölkerstaats zu geben. Ich zitiere einen der engsten Mitarbeiter Kaiser Karls, den Grafen Polzer-Hoditz, der lange Zeit Kabinettchef Kaiser Karls war und ihn wohl am besten kannte und erkannte. Polzer-Hoditz nennt Kaiser Karl einen Mann seines Jahrhunderts, der »durchaus zeitgemäß dachte«, »einen modernen Fürsten, den modernsten auf allen Thronen«. Polzer-Hoditz ist der Überzeugung, »daß die Revolution – soweit sie sich gegen die Dynastie richtete – nicht von den unteren Schichten des Volkes ausging, sondern daß sie von oben in das Volk hineingetragen wurde. Hätten die Paladine des Throns, deren Familien sich durch Jahrhunderte im Glanz des Hofes gesonnt hatten, den Kaiser nicht schmählich im Stich gelassen, ja hätten sie nicht selbst der Lügenpropaganda Vorschub geleistet, die Dinge hätten eine andere Wendung nehmen können; denn im Volk dachte man anfangs über den Kaiser sehr gut...«
Der letzte österreichische Kaiser wurde das Opfer einer maßlosen Hetze. Sie ging in erster Linie von Ungarn aus, wo die Demission des Ministerpräsidenten Wekerle zu einer Krise geführt hatte, die das ganze Land erschütterte. Ein Teil der ungarischen Bevölkerung, und vor allem des ungarischen Hochadels, sahen das Heil in einer Loslösung Ungarns von Österreich. In diesem Sinn erklärte Graf Tisza vor dem ungarischen Reichstag am

10. Oktober 1918, die Ereignisse, die sich in den letzten sechs Wochen in Österreich abgespielt hätten, hätten die Grundlagen des österreichisch-ungarischen Ausgleichs von 1867 erschüttert.

Um die Stimmung zu beschreiben, die schon Mitte Oktober 1918 in der Donaumonarchie herrschte, darf ich Heinz Rieder zitieren: »In einer Laibacher Zeitung hieß es am 17. Oktober: ›Österreich-Ungarn stirbt an Altersschwäche und infolge innerer Zersetzung. Die Regierung aber verschreibt ein Rezept für Zahnschmerzen.‹ Gemäßigter waren natürlich die Stimmen der deutschen Presseorgane. Doch selbst die bürgerliche ›Neue Freie Presse‹ fand Töne des Zweifels. Die Gefahr entstünde, wurde hier am 17. Oktober in prophetischer Voraussicht geschrieben, daß zur Friedenskonferenz für die österreichischen Völker nur die treulosen Anwälte zugelassen würden, während die anderen Nationen, die nicht den Zerfall wollen, keine Beglaubigung hätten, die Stimmen ihrer Bevollmächtigten vor dem Richterstuhl der Welt vernehmlich werden zu lassen. Die innere Politik von Österreich wird von Einflüssen bestimmt, die wir im Kriege nicht zu lenken vermögen.«

Der Vielvölkerstaat Österreich-Ungarn, Traditionsträger des ersten Deutschen Reichs, das durch den Thronverzicht Franz' II. den Todesstoß erlitten hatte, hörte auf zu existieren: Es lebte nur noch in der Person des letzten Habsburgers, der eine Kaiserkrone trug, weiter fort. Dieser Habsburger starb, fern seiner Heimat, in der Verbannung. In seiner Tradition kämpft sein Sohn für eine neue, größere Völkerverbindung, für ein geeintes Europa.

Literaturverzeichnis

Bluntschli, Johann Caspar, Das moderne Völkerrecht der civilisierten Staaten als Rechtsbuch dargestellt, Nördlingen 1878

Engel-Janosi, Friedrich, Die Friedensgespräche Graf Nikolaus Reverteras mit Comte Abel Armand 1917/1918, Österr. Akademie der Wissenschaften, 1965

Feigl, Erich, Kaiser Karl I., Wien 1987

Feigl, Erich, Zita – Kaiserin und Königin, Wien 1991

Franzel, Emil, Die Geschichte des deutschen Volkes, München 1974

Kielmansegg, Peter Graf, Deutschland und der 1. Weltkrieg, Stuttgart 1980

Polzer-Hoditz, Arthur Graf, Kaiser Karl, Wien 1980

Rieder, Heinz, Kaiser Karl, München 1981

Ritter, Gerhard, Staatskunst und Kriegshandwerk, München 1954–68 (4 Bde)

Saalfeld, Friedrich, Grundriß eines Systems des europäischen Völkerrechts, Göttingen 1809

Stegemann, Hermann, Geschichte des Krieges, 3 Bde, 1917–1919

Widmann, Sigried, Geschichte der Neuesten Zeit, München (o. J.)

Der deutsch-französische Krieg 1870–71, hrsgg. von der kriegsgeschichtl. Abteilung des Großen Generalstabs, Berlin 1872

Namenregister